Test Yourself

French Grammar

Didier G. A. Bertrand, Ph.D.
Indiana University
Purdue University
Indianapolis, IN

D1239597

Contributing Editors

Patricia P. Brand, Ph.D.
Department of French and Italian
University of Colorado
Boulder, CO

Carolyn J. Simmons, Ph.D.
Department of Foreign Languages and Literature
University of New Mexico
Albuquerque, NM

Sandra E. Van Ausdal, M.A.
Joel Barlow High School
Redding, CT

NTC LearningWorks
NTC/Contemporary Publishing Group

Library of Congress Cataloging-in-Publication Data
is available from the United States Library of Congress.

To my loving wife,
with many thanks for her endless support.

A *Test Yourself Books, Inc.* Project

Published by NTC LearningWorks
A division of NTC/Contemporary Publishing Group, Inc.
4255 West Touhy Avenue, Lincolnwood (Chicago), Illinois 60712-1975 U.S.A.
Copyright © 1996 by NTC/Contemporary Publishing Group, Inc.
Printed in the United States of America
International Standard Book Number: 0-8442-2360-3

01 02 03 04 ML 20 19 18 17 16 15 14 13 12 11 10 9 8 7 6 5 4

Contents

Preface

Testing generally serves two distinct purposes: learning and evaluation. It has been a rewarding experience for me through this book to concentrate on the first goal and leave the second one to the learner through the self-evaluation sheets that can be found at the end of each chapter. While the testing of knowledge was the original purpose of these pages, pedagogical concerns have led me to stray from this goal in favor of a format that leads students to reflect on the way they can successfully acquire the structures on which they are working.

This book is aimed at beginning students in French. Its objective is to review basic French grammar as it appears in major textbooks and to give students the opportunity to practice previously studied grammatical structures before the actual test. While it does not claim to be a method, this book will not fail to provide extra grammatical training.

With that goal in mind, the fifteen chapters of this book cover the most commonly learned linguistic structures of the French language in first-year programs of American colleges. Grammatical explanations are purposefully brief, clear, and simple, and each grammatical point is illustrated with examples. Topic referrals following the examples allow students to identify any specific areas of study they may need to work on. I have kept grammatical jargon to a minimum, and defined grammatical terminology wherever experience has taught me that it represents a particular difficulty to students.

Each aspect of grammar is introduced through a number of exercises, contextualized whenever possible, increasing in difficulty and ranging from fill-in-the-blank and multiple-choice exercises to transformational and relational formats, all of which are very familiar to students. To enhance student learning, many exercises, especially those at the beginning of a new section, target the acquisition of part of a structure, progressively leading toward the whole. Also, I have made every attempt to recycle older and already-acquired structures into the learning of new ones.

Therefore, I hope that this book will present an opportunity for students to review and anchor their knowledge of basic French syntax and will provide them with a chance to further and refine their linguistic and communicative competence.

Didier Bertrand, Ph.D.

How to Use this Book

This "Test Yourself" book is part of a unique series designed to help you improve your test scores on almost any type of examination you will face. Too often, you will study for a test—quiz, midterm, or final—and come away with a score that is lower than anticipated. Why? Because there is no way for you to really know how much you understand a topic until you've taken a test. The *purpose* of the test, after all, is to test your complete understanding of the material.

The "Test Yourself" series offers you a way to improve your scores and to actually test your knowledge at the time you use this book. Consider each chapter a diagnostic pretest in a specific topic. Answer the questions, check your answers, and then give yourself a grade. Then, and only then, will you know where your strengths and, more important, weaknesses are. Once these areas are identified, you can strategically focus your study on those topics that need additional work.

Each book in this series presents a specific subject in an organized manner, and although each "Test Yourself" chapter may not correspond to exactly the same chapter in your textbook, you should have little difficulty in locating the specific topic you are studying. Written by educators in the field, each book is designed to correspond, as much as possible, to the leading textbooks. This means that you can feel confident in using this book, and that regardless of your textbook, professor, or school, you will be much better prepared for anything you will encounter on your test.

Each chapter has four parts:

Brief Yourself. All chapters contain a brief overview of the topic that is intended to give you a more thorough understanding of the material with which you need to be familiar. Sometimes this information is presented at the beginning of the chapter, and sometimes it flows throughout the chapter, to review your understanding of various *units* within the chapter.

Test Yourself. Each chapter covers a specific topic corresponding to one that you will find in your textbook. Answer the questions, either on a separate page or directly in the book, if there is room.

Check Yourself. Check your answers. Every question is fully answered and explained. These answers will be the key to your increased understanding. If you answered the question incorrectly, read the explanations to *learn* and *understand* the material. You will note that at the end of every answer you will be referred to a specific subtopic within that chapter, so you can focus your studying and prepare more efficiently.

Grade Yourself. At the end of each chapter is a self-diagnostic key. By indicating on this form the numbers of those questions you answered incorrectly, you will have a clear picture of your weak areas.

There are no secrets to test success. Only good preparation can guarantee higher grades. By utilizing this "Test Yourself" book, you will have a better chance of improving your scores and understanding the subject more fully.

Le présent et l'impératif

Brief Yourself

The French present indicative is used, very much like its English counterpart, to express: (1) a permanent or habitual action; (2) events taking place in the present or in the near future. *Note:* French has only one form for the present, where English has several.

Example:

J'étudie le français. ⇒ I study / I do study / I am studying French.

The imperative is the mood of commands (Do this! Don't do that! Let's go! . . .), and borrows its forms mainly from the present tense, which is why they are together here.

Test Yourself

1.1 The present indicative of *-er* verbs.

Stem endings:

	singular		plural	
1st person	je	-e	nous	-ons
2nd person	tu	-es	vous	-ez
3rd person	il elle on	-e	ils elles	-ent

In the present indicative, some verbs have no change in the stem.

Exercices: Complétez par le pronom personnel sujet (*je, tu, il/elle/on, nous, vous, ils/elles*) qui convient.

Exemple:

Nous parlons

Attention! Plusieurs réponses sont parfois possibles.

1. _____ regardez

2. _____ détestons

3. _____ aiment

4. _____ joue

5. _____ travaillez

6. _____ arrête

7. _____ demande

8. _____ étudies

9. _____ habitons

10. _____ écoute

Exercices: Complétez les phrases suivantes avec le verbe à la forme qui convient.

Exemple:

Elles *écoutent* le professeur.

11. Ils _____ de travailler bien. (continuer)

12. Nous _____ au restaurant ce soir. (dîner)

13. Je _____ à la banque tous les jours. (travailler)

14. Tu _____ le français, les mathématiques et la philosophie? (étudier)

15. Elle _____ tous ses amis à la patinoire. (inviter)

16. Vous _____ à comprendre les verbes? (commencer)

17. J' _____ les glaces au chocolat. (adorer)

18. Vous _____ souvent au Japon? (voyager)

19. Nous _____ à l'université l'année prochaine. (entrer)

20. Elles _____ à l'Opéra de Paris! (danser)

Exercices: Faites des phrases affirmatives, interrogatives (?) ou négatives (non).

Exemples:

Je / parler à / mon frère.
Je parle à mon frère.

Vous / manger / la pizza / non
Vous <u>ne</u> mangez <u>pas</u> la pizza.

21. Elle / manger avec / son professeur.

_____

22. Vous / téléphoner à / votre meilleure amie / ?

_____

23. Je / étudier pour / mon examen de chimie / non.

_____

24. On / écouter / du jazz / ?

_____

25. Tu / regarder / souvent / la télévision.

_____

26. Nous / étudier / l'architecture / non.

_____

27. Marc / visiter / le Louvre / ?

_____

28. Alain et Suzanne / réviser / leur leçon.

_____

29. Mme Ducroc / voyager / beaucoup / cet été / non.

_____

30. Béatrice / refuser / une invitation / ?

_____

Exercices: Mettez les phrases suivantes au pluriel.

Exemple:

Je déteste les épinards.
Nous détestons les épinards.

31. Tu commences un nouveau travail.

_____

32. Je déménage demain.

_____

33. Elle joue bien au tennis?

_____

34. Tu n'aimes pas étudier.

_____

35. Il rêve en classe.

_____

36. Je dîne à la maison ce soir.

_____

37. Est-ce que tu habites en France?

_____

38. Elle parle à Jean tous les jours.

_____

39. Est-ce qu'il regarde trop la télévision?

_____

40. J'aime beaucoup les vacances.

_____

1. 2 Stem-changing verbs. Some verbs undergo minor changes in the stem that are easy to overlook. In the first three cases and the last, it may help to picture the changes as representing the shape of a boot:

* **-e ⇒ -è.**

Exemple: *lever*

Je lève	Nous levons
Tu lèves	Vous levez
Il/Elle/On lève	Ils/Elles lèvent

* **-é ⇒ -è.**

Exemple: *espérer*

J'espère	Nous espérons
Tu espères	Vous espérez
Il/Elle/On espère	Ils/Elles espèrent

* Verbs that double the last consonant of the stem (usually *l* or *t*).

Exemple: *appeler*

J'appelle	Nous appelons
Tu appelles	Vous appelez
Il/Elle/On appelle	Ils/Elles appellent

* Verbs ending in -*cer* change the **-c** at the end of the stem into a -*ç* for the *nous* form. Example: commencer ⇒ nous commençons
* Verbs ending in -*ger* maintain the -*e* at the end of the stem for the *nous* form. Example: manger ⇒ nous mangeons
* Verbs ending in -*yer* change the -*y* into an -*i* except for the *nous* and *vous* forms.

Example: *essayer*

J'essaie	Nous essayons
Tu essaies	Vous essayez
Il/Elle/On essaie	Ils/Elles essaient

Exercices: Écrivez les formes suivantes des verbes au présent.

1. épeler: tu _____ nous _____

2. menacer: tu _____ nous _____

3. nager: tu _____ nous _____

4. mener: tu _____ nous _____

5. nettoyer: tu _____ nous _____

6. espérer: tu _____ nous _____

7. jeter: tu _____ nous _____

8. voyager: tu _____ nous _____

9. lancer: tu _____ nous _____

10. essuyer: tu _____ nous _____

Exercices: Remplacez *nous* par *je*, ou *je* par *nous*.

Exemples:

Je mange du pain.
Nous mangeons du pain.

Nous appelons Emilie.
J'appelle Emilie.

11. Je range ma chambre.

_____

12. Nous épelons "tableau".

_____

13. Je lance la balle.

_____

14. Nous nous ennuyons.

_____

15. Je déplace la voiture.

_____

16. Nous espérons y aller.

_____

17. Je voyage au Tibet.

_____

18. Nous jetons le sac.

_____

19. Je menace mon frère.

_____

20. Nous payons l'addition.

_____

1.3 -IR verbs. Stem endings (Example: finir):

	singular		plural	
1st person	je	fin**is**	nous	fin**issons**
2nd person	tu	fin**is**	vous	fin**issez**
3rd person	il		ils	
	elle	fin**it**		fin**issent**
	on		elles	

Exercices: Complétez par le pronom personnel sujet (*je, tu, il/elle/on, nous, vous, ils/elles*) qui convient.

Exemple: *Vous* finissez

Attention! Plusieurs réponses sont parfois possibles.

1. _____ réussis

2. _____ obéit

3. _____ grossissent

4. _____ maigrissez

5. _____ guérit

6. _____ choisissez

7. _____ grandis

8. _____ réfléchis

9. _____ vieillit

10. _____ réunissent

Exercices: Joignez les pronoms sujets avec la forme des verbes qui convient. Plusieurs réponses sont parfois possibles.

Exemple:
  Vous rajeunissez.

		a. réfléchis
11.	Elle	b. rajeunissez
12.	Ils	c. réunit
13.	Vous	d. vieillis
14.	Tu	e. maigrissent
15.	On	f. grossis
16.	Nous	g. grandissent
17.	Il	h. obéissons
18.	Je	i. choisit

j. réussissons

Exercices: Complétez les phrases suivantes avec le verbe à la forme qui convient.

Exemple:

Tu *grandis* beaucoup ces jours-ci.

19. Je _____ de manger au restaurant chinois. (choisir)

20. Il _____ aux problèmes de l'environnement. (réfléchir)

21. Vous _____ ce projet? (définir)

22. Elles _____ bien en mathématiques. (réussir)

23. Tu _____ toujours à tes parents. (obéir)

24. Elle _____ sa robe. (salir) (*to soil*)

25. Nous _____ beaucoup en ce moment. (vieillir)

26. On _____ la semaine prochaine au Canada? (se réunir)

27. Nous _____ à Paris dans une heure. (atterrir) (*to land*)

28. Jacqueline _____ ses études ce semestre! (finir)

Exercices: Remplacez *tu* par *vous*.

Exemple:

Tu finis ce devoir. ⇒ *Vous finissez* ce devoir.

29. Tu remplis ce verre.

_____

30. Tu choisis le gâteau au chocolat.

_____

31. Tu réussis à l'école?

_____

32. Tu ne grandis pas beaucoup.

_____

33. Tu réfléchis à la question.

_____

34. Tu ne vieillis pas du tout!

_____

35. Tu maigris ces jours-ci.

_____

36. Tu pâlis (*become pale*)... comment ça va?

_____

37. Tu réunis les amis au restaurant habituel.

_____

38. Tu ne finis pas ce fromage?

_____

1.4 -RE verbs. Stem endings (example: répondre):

	singular		plural	
1st person	je	répon**ds**	nous	répond**ons**
2nd person	tu	répon**ds**	vous	répond**ez**
3rd person	il		ils	
	elle	répon**d**		répond**ent**
	on		elles	

Note: This group is the smallest of the three. A few of these verbs that you may know include: attendre (*to wait for*), défendre (*to defend/to forbid*), descendre (*to go/take down*), perdre (*to lose*), rendre (*to return* [an object]), répondre (*to answer*), and vendre (*to sell*). Most -*re* ending verbs are irregular. You will see a few in the next section.

Exercices: Soulignez les verbes conjugués et retrouvez leur *infinitif*.

Exemple:

Les soldats <u>défendent</u> la citadelle.→ défendre

1. Je prends le bus ce matin.

_____

2. Ils vendent leur moto.

_____

3. Vous ne répondez pas à la question.

_____

4. Tu descends la valise.

_____

5. Ma mère me défend d'aller au cinéma.

_____

Exercices: Faites des phrases avec *attendre*, *perdre*, *répondre*, et *vendre*.

Exemple:

Tu / répondre / au téléphone.
Tu réponds au téléphone.

6. Elle / vendre / sa maison.

_____

7.   Ils / perdre / les clés de la voiture.

_____

8.   Nous / attendre / le train.

_____

9.   Vous / répondre / à la question.

_____

10.   Nous / perdre / du temps.

_____

11.   On / répondre / à l'annonce.

_____

12.   Tu / vendre / ton vélo?

_____

13.   Je / répondre / bien.

_____

14.   Il / vendre / ce tableau.

_____

15.   Elle / attendre / son frère

_____

1.5 Frequently used irregular verbs

boire (*to drink*)	bois, bois, boit, buvons, buvez, boivent
conduire (*to drive*)	conduis, conduis, conduit, conduisons, conduisez, conduisent
connaître (*to know*)	connais, connais, connaît, connaissons, connaissez, connaissent*
courir (*to run*)	cours, cours, court, courons, courez, courent
craindre (*to fear*)	crains, crains, craint, craignons, craignez, craignent
croire (*to believe*)	crois, crois, croit, croyons, croyez, croient
devoir (*to have to*)	dois, dois, doit, devons, devez, doivent
dormir (*to sleep*)	dors, dors, dort, dormons, dormez, dorment
dire (*to say*)	dis, dis, dit, disons, dites, disent
écrire (*to write*)	écris, écris, écrit, écrivons, écrivez, écrivent
envoyer (*to send*)	envoie, envoies, envoie, envoyons, envoyez, envoient
être (*to be*)	suis, es, est, sommes, êtes, sont
faire (*to do*)	fais, fais, fait, faisons, faites, font
falloir (*to be necessary*)	il faut
aller (*to go*)	vais, vas, va, allons, allez, vont
lire (*to read*)	lis, lis, lit, lisons, lisez, lisent
avoir (*to have*)	ai, as, a, avons, avez, ont
mettre (*to put*)	mets, mets, met, mettons, mettez, mettent

mourir (*to die*)	meurs, meurs, meurt, mourons, mourez, meurent
ouvrir (*to open*)	ouvre, ouvres, ouvre, ouvrons, ouvrez, ouvrent
partir (*to leave*)	pars, pars, part, partons, partez, partent
pleuvoir (*to rain*)	il pleut
pouvoir (*to be able to*)	peux, peux, peut, pouvons, pouvez, peuvent
prendre (*to take*)	prends, prends, prend, prenons, prenez, prennent
rire (*to laugh*)	ris, ris, rit, rions, riez, rient
savoir (*to know*)	sais, sais, sait, savons, savez, savent*
venir (*to come*)	viens, viens, vient, venons, venez, viennent
voir (*to see*)	vois, vois, voit, voyons, voyez, voient
vouloir (*to want*)	veux, veux, veut, voulons, voulez, veulent

---

*savoir means *to know* (a fact), whereas *connaître* is used to mean *to be acquainted with* (a person, a place, etc.).

Exercices: Complétez les phrases avec le verbe entre parenthèses à la forme du présent qui convient.

1. (être) — Les enfants? Où _____-vous?
   —Est-ce que papa _____ avec vous? C'_____ bien.

2. (avoir) Marc et Thérèse _____ un frère, mais Sandrine est fille unique: elle n'_____ pas de frère ou de sœur. Nous, nous _____ trois sœurs.

3. (aller/prendre) —Comment _____ -vous à la gare? —Moi, je _____ un taxi, mais Jacques _____ le bus.

4. (venir) Marcia _____ de Tahiti; Émile et Lucien _____ de la Guadeloupe et moi, je _____ du Cameroun.

5. (faire) —Qu'est-ce que vous _____ ? —Nous, nous _____ les devoirs pour le cours de français. Michel _____ la vaisselle et les jumeaux (*twins*) _____ les courses.

6. (vouloir/pouvoir) —Qu'est-ce que vous _____ faire ce weekend? —Est-ce qu'on _____ faire du camping? —Oui, mais est-ce que vos parents _____ bien?

7. (mettre) —Qu'est-ce que vous _____ quand il fait froid? —Linda et moi, nous _____ un pull et un jean, mais Paul qui a toujours chaud _____ un short et un T-shirt.

8. (lire) —Vous _____ beaucoup de romans, n'est-ce pas? —Non, Emmanuel _____ seulement le journal. Moi, je _____ des bandes dessinées et mes amis _____ des romans policiers.

9. (savoir/connaître) —Vous _____ qui est ce beau garçon, là-bas? — Non, je ne le _____ pas, mais il faut demander à Philippe et à Mureille: ils _____ tout le monde!

10. (dire) —Moi, je ne _____ jamais la vérité à mes parents, et vous? —Nous, nous leur _____

toujours la vérité, mais notre frère Antoine la
_____ rarement.

Exercices: *Tu* et *vous*. Récrivez les phrases suivantes.

Exemple:

 Tu ris souvent? ⇒ *Vous riez* souvent?

11. Tu as 25 ans?

_____

12. Tu vas bien?

_____

13. Tu es française?

_____

14. Tu bois du chocolat chaud?

_____

15. Tu veux aller à la piscine?

_____

16. Tu dis toujours la vérité?

_____

17. Tu dors jusqu'à midi?

_____

18. Tu vois ce garçon?

_____

19. Tu prends un verre?

_____

20. Tu connais mon cousin?

_____

Exercices: *Il* et *elles*. Recrivez les phrases suivantes.

Exemple:

 Il va au concert ce soir. ⇒ *Elles vont* au concert ce soir.

21. Il conduit trop vite.

_____

22. Il doit étudier le français.

_____

23. Il lit le journal tous les jours.

_____

24. Il met un imperméable.

_____

25. Il court aux Jeux Olympiques.

_____

26. Il fait la vaisselle.

_____

27. Il peut travailler bien.

_____

28. Il croit que tu dis la vérité.

_____

29. Il part ce week-end.

_____

30. Il envoie la lettre tout de suite.

_____

1.6 *Depuis* + present. When expressing how long an action has been going on, use the present tense with *depuis*. Although the action started in the past, what matters in French is the fact that it is still going on in the present. The English equivalent is *has/have been -ing*.

Examples:

Je parle à Eric depuis un quart d'heure.
I have been talking to Eric for fifteen minutes.

Marc habite en France depuis 1985.
Mark has been living in France since 1985.

The questions *How long?* and *Since when?* are expressed, respectively, by *Depuis combien de temps . . . ?* and *Depuis quand . . . ?* in the present.

Examples:

Depuis combien de temps parles-tu à Eric?
How long have you been talking to Eric?

Depuis quand est-ce que Marc habite en France?
Since when has Mark been living in France?

Note: Depuis is used only with the present in situations that are still going on. (1) To state how long something has <u>not</u> happened, use the negative of the *passé composé* with *depuis*. (2) To express how long it took to complete an action, use *pendant* and the *passé composé*.

Examples:

Marc n'a pas vu son frère depuis janvier.
Mark has not seen his brother since January.

Luc habite à Paris depuis trois ans. (= He is still there.)
Luke has been living in Paris for three years.

Luc a habité à Paris pendant trois ans. (= He does not live there now.)
Luke lived in Paris for three years.

Exercices: Qu'est-ce qu'ils font tous? Toute la famille est occupée dans des activités différentes. Demandez à chaque personne depuis combien de temps elle fait l'activité mentionnée entre parenthèses et écrivez la réponse.

Exemple:

Eric (faire ses devoirs/trois heures)
Depuis combien de temps fais-tu tes devoirs, Eric?
Je fais mes devoirs depuis trois heures.

1. Jacqueline (téléphoner à ses amies/20 minutes)

_____

_____

2. Papa et maman (regarder la télévision/une heure)

_____

_____

3. Marcel (jouer au basket/une demi-heure)

_____

_____

4. Hélène et Jean (jouer au tennis/10 minutes)

_____

_____

5. Tante Rose (cuisiner/ce matin)

_____

_____

6. Oncle Albert (lire ce roman/3 heures)

_____

_____

7. Le bébé (dormir/2 heures)

_____

_____

8. Grand-père (jouer avec le petit Paul/5 minutes)

_____

_____

9. Jacques et Odile (jouer aux cartes/45 minutes)

_____

_____

10. Grand-mère (se reposer/10 minutes)

_____

_____

Exercices: Pendant ou *depuis*? Complétez les phrases.

11. Alain est champion de karaté _____ l'âge de 17 ans.

12. Nous nous sommes mariés _____ les vacances de Pâques.

13. J'ai appris le japonais _____ cinq ans.

14. Je parle japonais _____ huit ans.

15. Lucienne n'est pas partie en vacances _____ 1985.

16. Gilbert a dormi _____ tout le film.

17. Mes parents ont voyagé en Asie _____ trois semaines.

18. Steven a parlé français _____ tout son séjour à Nice.

19. _____ qu'il a gagné à la lotterie, Eric ne nous a pas téléphoné.

20. Brigitte sort avec Jean-Claude _____ la Saint-Valentin.

1.7 The imperative. The imperative presents the action of the verb in the form of a command or a suggestion.

1.7.1 Regular forms of the imperative

For the most part, the forms of the imperative are the same as the forms of the present indicative for *tu, nous,* and *vous. Note:* In the *tu* form, verbs ending in *-er* lose the *-s* that they have in the present.

Exemple: man*ger* (tu man*ges*) ⇒ Man*ge*!

But: finir (tu fini*s*) ⇒ Fini*s*! prendre (tu prend*s*) ⇒ Prend*s*!

	-ER verbs (manger)	-IR verbs (finir)	-RE verbs (descendre)
Tu	Mange! (no **-s**)	Finis!	Descends!
Nous	Mangeons!	Finissons!	Descendons!
Vous	Mangez!	Finissez!	Descendez!

Exercices: Mettez les verbes à la forme *tu* de l'impératif. Faut-il un *-s*?

Exemple:

(aller) *Va* à la gare!

1. (finir) _____ le courrier!

2. (lire) _____ ce livre!

3. (écouter) _____ cette histoire!

4. (partir) _____ sur la Côte d'Est!

5. (rester) _____ calme!

6. (dîner) _____ avec nous!

7. (rentrer) _____ de bonne heure! (*early*)

8. (aller) _____ au bord de la mer!

9. (inviter) _____ les voisins!

10. (acheter) _____ le journal!

Exercices: Singulier et pluriel. Transformez en suivant le modèle.

Exemple:

       Dors! ⇒ *Dormons!*   *Dormez!*
       [tu]   [nous]   [vous]

11. Dis la vérité!

   _____

12. Prends le bus!

   _____

13. Regarde la télé!

   _____

14. Attends ton frère!

   _____

15. Sors!

   _____

16. Reste sage!

   _____

17. Rentre avec Marc!

   _____

18. Choisis un livre!

   _____

19. Apprends la leçon!

   _____

20. Lis cet article!

   _____

Exercices: Au contraire, mon frère! Dites le contraire.

Exemple: Pars sans moi! ⇒ *Ne pars pas sans moi!*

21. Ne cours pas sur la pelouse!

   _____

22. Traversez la forêt!

   _____

23. Allons au parc!

   _____

24. Ne tourne pas à droite!

   _____

25. Continuez de chanter!

_____

26. Viens à l'aéroport!

_____

27. Ne faites pas ça!

_____

28. Regardons le film!

_____

29. Ne restez pas au soleil!

_____

30. Allez à la piscine!

_____

Exercices: Non, non! Transformez suivant le modèle.

Exemple:

Défense de fumer! ⇒ *Ne fumez pas!*

31. Interdiction de nager!

_____

32. Ne pas courir dans le musée!

_____

33. Défense de camper!

_____

34. Interdiction d'entrer!

_____

35. Ne pas nourir les animaux!

_____

36. Défense de pêcher!

_____

37. Ne pas allumer de feu!

_____

38. Interdiction de parler!

_____

39. Défense de klaxonner!

_____

40. Ne pas plonger!

_____

1.7.2 Irregular forms of the imperative. There are three irregular forms in the imperative: *être, avoir,* and *savoir.*

	être	avoir	savoir
Tu	Sois!	Aie!	Sache!
Nous	Soyons!	Ayons!	Sachons!
Vous	Soyez!	Ayez!	Sachez!

Exercices: Complétez le tableau suivant avec les formes qui manquent.

Infinitif	[tu]	[nous]	[vous]
	Sois patient!		
			N'ayez pas peur!
savoir le français			

1.7.3 The imperative used with pronouns. The placement and order of object pronouns (see also chapter 2) vary in the negative (*Don't drink it!*) and in the affirmative (*Drink it!*).

In negative commands, the order and placement of the pronouns remain the same as in negative sentences in the present tense.

Example:

Tu ne bois pas *ton café*. (Tu ne *le* bois pas.) ⇒ Ne le bois pas!

Exercices: Donnez des conseils en utilisant l'impératif *négatif.*

Exemple:

Tu ne veux pas l'envoyer. (la lettre) ⇒ *Ne l'envoie pas!*

1. Nous ne voulons pas les porter. (les chaussures)

   _____

2. Tu ne veux pas l'acheter. (la maison)

   _____

3. Vous ne voulez pas les présenter. (vos excuses)

   _____

4. Nous ne voulons pas le faire. (le lit)

   _____

5. Vous ne voulez pas la chercher. (la clé)

   _____

6. Tu ne veux pas le regarder. (le film)

   _____

7. Vous ne voulez pas y goûter. (au flan)

   _____

8. Tu ne veux pas en boire. (de la bière)

   _____

9. Nous ne voulons pas le voir. (le président)

   _____

10. Tu ne veux pas l'écouter. (la musique)

    _____

1.7.4 Affirmative commands. In affirmative commands, pronouns follow the verb and are attached to it with a hyphen. *Me* and *te* become *moi* and *toi*.

Example:

Tu bois *ton café*. (Tu *le* bois.) ⇒ Bois-*le*!
Tu *m'*écoutes. ⇒ Écoute-*moi*! (Negative: Ne *m'*écoute pas!)

Exercices: Allez... (Come on,) Encouragez les personnes suivantes à faire ce qu'elles ne veulent pas faire.

Exemple:

Ne la fais pas! (la vaisselle) Allez, *fais-la!*

1. Ne lui demandons pas! (à Marthe) Allez,

   _____

2. Ne l'ouvre pas! (la porte) Allez,

   _____

3. Ne leur parlez pas! (aux policiers) Allez,

_____

4. Ne lui téléphone pas! (à Aline) Allez,

_____

5. Ne lui écrivons pas! (à Marc) Allez,

_____

6. N'en mange pas! (du gâteau) Allez,

_____

7. Ne te regarde pas! Allez,

_____

8. Ne la fréquente pas! (ma sœur) Allez,

_____

9. N'y va pas! (à la piscine) Allez,

_____

10. Ne nous parlons pas! Allez,

_____

Exercices: Donnez des ordres ou des conseils selon le modèle. Remplacez les mots soulignés par le pronom qui convient.

Exemple:

Nous voudrions vendre *cette voiture*. ⇒ *Vendons-la!*

11. Je voudrais promener le chien.

_____

12. Vous devriez faire la vaisselle.

_____

13. Nous voudrions appeler Marc.

_____

14. Vous voudriez téléphoner à Jean.

_____

15. Tu voudrais manger de la pizza.

_____

16. Nous aimerions aller au cinéma.

_____

17. Tu dois remercier le professeur.

_____

18. Vous pourriez écouter la leçon.

_____

19. Tu devrais essayer ces chaussures.

_____

20. Vous feriez bien de me parler.

_____

1.7.5 Reflexive pronouns in the imperative. Reflexive pronouns in command forms will be: *te* (t'), *nous*, and *vous* before the verb in negative commands, and *toi*, *nous*, and *vous* after the verb in affirmative commands. (See chapter 2 on pronouns.)

Example:

Ne *te* lève pas! Ne *nous* levons pas! Ne *vous* levez pas!
Lève-*toi*! Levons-*nous*! Levez-*vous*!

Exercices: Mettez les verbes réfléchis à l'impératif.

Exemple:

Nous nous levons tôt. ⇒ *Levons-nous tôt!*

1. Tu te promènes en ville.

   _____

2. Vous vous asseyez ici.

   _____

3. Nous nous brossons les dents.

   _____

4. Tu te laves les cheveux.

   _____

5. Vous vous occupez des enfants.

   _____

6. Nous nous couchons à 10 h.

   _____

7. Tu te réveilles à 7 h.

   _____

8. Vous vous dépêchez.

   _____

9. Nous nous écrivons.

   _____

10. Tu t'endors de bonne heure.

    _____

Exercices: Transformez les phrases suivantes au négatif.

Exemple:

Asseyez-vous! ⇒ *Ne vous asseyez pas!*

11. Allons-nous-en! (*Let's go!*)

    _____

12. Marie-toi!

    _____

13. Rappelez-vous le problème!

    _____

14. Occupe-toi du bébé!

    _____

15. Fâchez-vous!

    _____

16. Préparons-nous pour sortir!

    _____

17. Assieds-toi sur cette chaise!

    _____

18. Habillez-vous tout de suite!

    _____

19. Regarde-toi!

    _____

20. Couchons-nous tôt!

30. Dépêchez-vous!

Exercices: Dites le contraire.

Exemple:

Embrassez-vous! ⇒ *Ne vous embrassez pas!*

21. Lave-toi!

22. Ne nous moquons pas d'elle!

23. Ne te punis pas!

24. Ne nous promenons pas!

25. Asseyez-vous là!

26. Mêle-toi (*mind*) de mes affaires!

27. Ne nous téléphonons pas demain!

28. Peigne-toi les cheveux!

29. Excusez-vous, s'il vous plaît!

1.7.6 Double object pronouns in the imperative. In the negative imperative, the pronouns follow the same order as in a negative declarative statement. (See chapter 2 on pronouns.) In the affirmative, the order is as follows:

Affirmativebeforeme / m'

		me / m'			
affirmative	before	te / t'	before	le	before
imperative		se / s'		la	
		nous		les	
		vous			

lui	before	y	before	en	
leur					

Note: Me and *te* become *m'* and *t'* in front of a vowel and *moi* and *toi* when they are the only or the last pronoun of the imperative:

Example:

Donne-*m'*en! (Donne-moi *du pain*) Occupe-*t'*en!
  (Occupe-toi *de ça*)
Lave-*toi*! Donne-le-*moi*!

Exercices: Refaites les phrases en utilisant deux pronoms.

Exemple:

Dis *la vérité à ta mère*. ⇒ *Dis-la-lui!*

1. Envoyez <u>les lettres</u> <u>à la poste</u>.

2. Ne <u>lui</u> parle pas <u>du cadeau</u>!

3. Asseyons-<u>nous</u> <u>sur ces chaises</u>!

4. N'ouvrez pas <u>la fenêtre</u> <u>aux oiseaux</u>!

8. Ne vendez pas <u>la maison</u> <u>à ces gens</u>!

5. Donnez <u>la clé</u> <u>à Marcel</u>!

9. Offre <u>un bonbon</u> <u>à ta sœur</u>.

6. N'appelez pas <u>Marc</u> <u>au travail</u>!

10. Ne buvons pas <u>l'eau</u> <u>dans le salon</u>.

7. Pousse <u>les enfants</u> <u>dans l'eau</u>!

Check Yourself

1.1   (The present indicative of -*ER* verbs)

1.vous 2. nous 3. ils/elles 4. je/il/elle/on 5. vous 6. j'/il/elle/on 7. je/il/elle/on 8. tu 9. nous 10. j'/il/elle/on 11. continuent 12. dînons 13. travaille 14. étudies 15. invite 16. commencez 17. adore 18. voyagez 19. entrons 20. dansent 21. Elle mange avec son professeur. 22. Vous téléphonez à votre meilleure amie? 23. Je n'étudie pas pour mon examen de chimie. 24. On écoute du jazz? 25. Tu regardes souvent la télévision. 26. Nous n'étudions pas l'architecture. 27. Marc visite le Louvre? 28. Alain et Suzanne révisent leur leçon. 29. Mme Ducroc ne voyage pas beaucoup cet été. 30. Béatrice refuse une invitation? 31. Vous commencez un nouveau travail. 32. Nous déménageons demain. 33. Elles jouent bien au tennis? 34. Vous n'aimez pas étudier. 35. Ils rêvent en classe. 36. Nous dînons à la maison ce soir. 37. Est-ce que vous habitez en France? 38. Elles parlent à Jean tous les jours. 39. Est-ce qu'ils regardent trop la télévision? 40. Nous aimons beaucoup les vacances.

1.2   (Stem-changing verbs)

1. épelles, épelons 2. menaces, menaçons 3. nages, nageons 4. mènes, menons 5. nettoies, nettoyons 6. espères, espérons 7. jettes, jetons 8. voyages, voyageons 9. lances, lançons 10. essuies, essuyons 11. Nous rangeons 12. J'épelle 13. Nous lançons 14. Je m'ennuie. 15. Nous déplaçons 16. J'espère 17. Nous voyageons 18. Je jette 19. Nous menaçons 20. Je paie

1.3   (-*IR* verbs)

1. je/tu 2. il/elle/on 3. ils/elles 4. vous 5. il/elle/on 6. vous 7. je/tu 8. je/tu 9. il/elle/on 10. ils/elles 11. c/i 12. e/g 13. b 14. a/d/f 15. c/i 16. h/j 17. c/i 18. a/d/f 19. Je choisis 20. Il réfléchit 21. Vous définissez 22. Elles réussissent 23. Tu obéis 24. Elle salit 25. Nous vieillissons 26. On se réunit 27. Nous atterrissons 28. Jacqueline finit 29. Vous remplissez 30. Vous choisissez 31. Vous réussissez 32. Vous ne grandissez pas 33. Vous réfléchissez 34. Vous ne vieillissez pas 35. Vous maigrissez 36. Vous pâlissez 37. Vous réunissez 38. Vous ne finissez pas

1.4   (-*RE* verbs)

1. prends: prendre 2. vendent: vendre 3. répondez: répondre 4. descends: descendre 5. défend: défendre. 6. Elle vend sa maison. 7. Ils perdent les clés de la voiture. 8. Nous attendons le train. 9. Vous répondez à la question. 10. Nous perdons du temps. 11. On répond à l'annonce. 12. Tu vends ton vélo? 13. Je réponds bien. 14. Il vend ce tableau. 15. Elle attend son frère.

1.5 (Frequently used irregular verbs)

1. êtes, est, est 2. ont, a, avons 3. allez, prends, prend 4. vient, viennent, viens 5. faites, faisons, fait, font 6. voulez, peut, veulent 7. mettez, mettons, met 8. lisez, lit, lis, lisent 9. savez, sais [I do not know (i.e., who he is)] or connais [I do not know him], connaissent 10. dis, disons, dit 11. Vous avez 12. Vous allez 13. Vous êtes française(s)? 14. Vous buvez 15. Vous voulez 16. Vous dites 17. Vous dormez 18. Vous voyez 19. Vous prenez 20. Vous connaissez 21. Elles conduisent 22. Elles doivent 23. Elles lisent 24. Elles mettent 25. Elles courent 26. Elles font 27. Elles peuvent 28. Elles croient 29. Elles partent 30. Elles envoient

1.6 (*Depuis* + present)

1. Depuis combien de temps téléphones-tu à tes amies, Jacqueline? — Je téléphone à mes amies depuis 20 minutes. 2. Depuis combien de temps regardez-vous la télévision, papa et maman? — Nous regardons la télévision depuis une heure. 3. Depuis combien de temps joues-tu au basket, Marcel? — Je joue au basket depuis une demi-heure. 4. Depuis combien de temps jouez-vous au tennis, Hélène et Jean? — Nous jouons au tennis depuis 10 minutes. 5. Depuis combien de temps cuisines-tu, Tante Rose? — Je cuisine depuis ce matin. 6. Depuis combien de temps lis-tu ce roman, Oncle Albert? — Je lis ce roman depuis 3 heures. 7. Depuis combien de temps est-ce que le bébé dort? — Il dort depuis 2 heures. 8. Depuis combien de temps joues-tu avec le petit Paul, Grand-père? — Je joue avec le petit Paul depuis 5 minutes. 9. Depuis combien de temps jouez-vous aux cartes, Jacques et Odile? — Nous jouons aux cartes depuis 45 minutes. 10. Depuis combien de temps te reposes-tu, Grand-mère? — Je me repose depuis 10 minutes. 11. depuis 12. pendant 13. pendant 14. depuis 15. depuis 16. pendant 17. pendant 18. pendant 19. Depuis 20. depuis.

1.7.1 (Regular forms of the imperative)

1. Finis 2. Lis 3. Écoute 4. Pars 5. Reste 6. Dîne 7. Rentre 8. Va 9. Invite 10. Achète 11. Disons, Dites! 12. Prenons, Prenez! 13. Regardons, Regardez! 14. Attendons, Attendez! 15. Sortons, Sortez! 16. Restons, Restez! 17. Rentrons, Rentrez! 18. Choisissons, Choisissez! 19. Apprenons, Apprenez! 20. Lisons, Lisez! 21. Cours! 22. Ne traversez pas! 23. N'allons pas! 24. Tourne! 25. Ne continuez pas! 26. Ne viens pas! 27. Faites ça! 28. Ne regardons pas! 29. Restez! 30. N'allez pas! 31. Ne nagez pas! 32. Ne courez pas! 33. Ne campez pas! 34. N'entrez pas! 35. Ne nourissez pas! 36. Ne pêchez pas! 37. N'allumez pas! 38. Ne parlez pas! 39. Ne klaxonnez pas! 40. Ne plongez pas!

1.7.2 (Irregular forms of the imperative)

Être patient: [Sois patient!] Soyons patients! Soyez patient(s)! Ne pas avoir peur: N'aie pas peur! N'ayons pas peur! [N'ayez pas peur!] [Savoir le français:] Sache le français! Sachons le français! Sachez le français!

1.7.3 (The imperative used with pronouns)

1. Ne les portons pas! 2. Ne l'achète pas! 3. Ne les présentez pas! 4. Ne le faites pas! 5. Ne la cherchez pas! 6. Ne le regarde pas! 7. N'y goûtez pas! 8. N'en bois pas! 9. Ne le voyons pas! 10. Ne l'écoute pas!

1.7.4 (Affirmative commands)

1. demandons-lui! 2. ouvre-la! 3. parlez-leur! 4. téléphone-lui! 5. écrivons-lui! 6. manges-en! 7. regarde-toi! 8. fréquente-la! 9. vas-y! 10. parlons-nous! 11. Promène-le! 12. Faites-la! 13. Appelons-le! 14. Téléphonez-lui! 15. Manges-en! 16. Allons-y! 17. Remercie-le! 18. Ecoutez-la! 19. Essaie-les! 20. Parlez-moi!

1.7.5 (Reflexive pronouns in the imperative)

1. Promène-toi! 2. Asseyez-vous! 3. Brossons-nous! 4. Lave-toi! 5. Occupez-vous! 6. Couchons-nous! 7. Réveille-toi! 8. Dépêchez-vous! 9. Écrivons-nous! 10. Endors-toi! 11. Ne nous en allons pas! 12. Ne te marie pas! 13. Ne vous rappelez pas! 14. Ne t'occupe pas! 15. Ne vous fâchez pas! 16. Ne nous préparons pas! 17. Ne t'assieds pas! 18. Ne vous habillez pas! 19. Ne te regarde pas! 20. Ne nous couchons pas! 21. Ne te lave pas! 22. Moquons nous d'elle! 23. Punis-toi! 24. Promenons-nous! 25. Ne vous asseyez pas! 26. Ne te mêle pas! 27. Téléphonons-nous! 28. Ne te peigne pas! 29. Ne vous excusez pas! 30. Ne vous dépêchez pas!

1.7.6 (Double object pronouns in the imperative)

1. Envoyez-les-y! 2. Ne lui en parle pas! 3. Asseyons-nous-y! 4. Ne la leur ouvrez pas! 5. Donnez-la-lui! 6. Ne l'y appelez pas! 7. Pousse-les-y! 8. Ne la leur vendez pas! 9. Offre-lui-en un! 10. Ne l'y buvons pas!

Grade Yourself

Circle the numbers of the questions you missed, then fill in the total incorrect for each topic. If you answered more than three questions incorrectly, you need to focus on that topic. (If a topic has less than three questions and you had at least one wrong, we suggest you study that topic also. Read your textbook, a review book, or ask your teacher for help.)

Subject: *Le présent et l'impératif*

Topic	Question Numbers	Number Incorrect
The present indicative of *-ER* verbs	**1.1:** 1, 2, 3, 4, 5, 6, 7, 8, 9, 10, 11, 12, 13, 14, 15, 16, 17, 18, 19, 20, 21, 22, 23, 24, 25, 26, 27, 28, 29, 30, 31, 32, 33, 34, 35, 36, 37, 38, 39, 40	
Stem-changing verbs	**1.2:** 1, 2, 3, 4, 5, 6, 7, 8, 9, 10, 11, 12, 13, 14, 15, 16, 17, 18, 19, 20	
-IR verbs	**1.3:** 1, 2, 3, 4, 5, 6, 7, 8, 9, 10, 11, 12, 13, 14, 15, 16, 17, 18, 19, 20, 21, 22, 23, 24, 25, 26, 27, 28, 29, 30, 31, 32, 33, 34, 35, 36, 37, 38	
-RE verbs	**1.4:** 1, 2, 3, 4, 5, 6, 7, 8, 9, 10, 11, 12, 13, 14, 15	
Frequently used irregular verbs	**1.5:** 1, 2, 3, 4, 5, 6, 7, 8, 9, 10, 11, 12, 13, 14, 15, 16, 17, 18, 19, 20, 21, 22, 23, 24, 25, 26, 27, 28, 29, 30	
Depuis + present	**1.6:** 1, 2, 3, 4, 5, 6, 7, 8, 9, 10, 11, 12, 13, 14, 15, 16, 17, 18, 19, 20	

Topic	Question Numbers	Number Incorrect
Regular forms of the imperative	**1.7.1:** 1, 2, 3, 4, 5, 6, 7, 8, 9, 10, 11, 12, 13, 14, 15, 16, 17, 18, 19, 20, 21, 22, 23, 24, 25, 26, 27, 28, 29, 30, 31, 32, 33, 34, 35, 36, 37, 38, 39, 40	
Irregular forms of the imperative	**1.7.2:** See answers	
The imperative used with pronouns	**1.7.3:** 1, 2, 3, 4, 5, 6, 7, 8, 9, 10	
Affirmative commands	**1.7.4:** 1, 2, 3, 4, 5, 6, 7, 8, 9, 10, 11, 12, 13, 14, 15, 16, 17, 18, 19, 20	
Reflexive pronouns in the imperative	**1.7.5:** 1, 2, 3, 4, 5, 6, 7, 8, 9, 10, 11, 12, 13, 14, 15, 16, 17, 18, 19, 20, 21, 22, 23, 24, 25, 26, 27, 28, 29, 30	
Double object pronouns in the imperative	**1.7.6:** 1, 2, 3, 4, 5, 6, 7, 8, 9, 10	

Les pronoms personnels

Brief Yourself

A pronoun is a word that stands for a noun. If Mark has a brother named Pete, and says to his brother, "You are lazy!," the pronoun "you" is a subject pronoun that stands for "Pete." In the sentence "Je me dispute souvent avec lui, mais je l'aime beaucoup" (*I often quarrel with him, but I love him*), "Je" is a subject pronoun and "me" a reflexive pronoun that both stand for Mark; "lui" is a disjunctive pronoun (because it is not with the verb) and "l'" is a direct object pronoun standing for "Pete." As you can see from this example, French usage does not necessarily follow its English counterpart ("to quarrel" does not require a reflexive pronoun, but "se disputer" does. (See chapter 12 on prepositions.)

The pronouns and their grammatical function are summarized in the chart below:

persons:	unstressed				stressed
	Subject	Object		Reflexive	Disjunctive
		direct	indirect	dir. or ind.	
1st sing.	je (j')	me (m')	me (m')	me (m')	moi
2nd sing.	tu	te (t')	te (t')	te (t')	toi
3rd sing.	il, elle, on	le, la, l'	lui *(no elle)*	se (s')	lui, elle
1st plur.	nous	nous	nous	nous	nous
2nd plur.	vous	vous	vous	vous	vous
3rd plur.	ils, elles	les	leur	se (s')	eux, elles
		y en			

Test Yourself

2.1 Subject pronouns

Exercices: Complétez par *je, j'*, ou *tu*.

Exemple: *Tu* parles français?

1. — ___Tu___ t'appelles Alain Gérard?
   — Non, ___Je___ m'appelle Bruno Charlin.

2. — ___Tu___ es américaine?
   — Oui, ___Je___ suis de Los Angelès.

3. — ___Tu___ habites à Rome?
   — Non, ___j'___ habite à Madrid.

4. — ___Tu___ étudies en France?
   — Non, ___j'___ étudie au Luxembourg.

5. — ___Je___ suis professeur d'allemand, et toi?
   — ___Moi, je___ suis étudiant.

Exercices: *Il* ou *elle*? Complétez.

Exemple: *Elle* habite à Paris, *elle* est française.

6. ___Il___ s'appelle Nicolas et ___elle___ s'appelle Janine.

7. — ___Elle___ est américaine?
   — Non, ___elle___ est canadienne.

8. Jacques est content, ___il___ a réussi à son examen.

9. ___Elle___ est actrice et ___il___ est chanteur.

10. Claudette habite à Dijon, ___elle___ est infirmière.

11. ___Elle___ est japonaise et ___Je___ est suédois.

Exercices: Remplacez les mots soulignés par *il, elle, ils,* ou *elles*.

Exemple: <u>Jacques</u> mange un fruit. ⇒ *Il* mange un fruit.

12. <u>Claude</u> est chanteur à l'Opéra de Paris.

    ___Il___

13. <u>Le professeur de français</u> est très sympathique.

    ___Il___

14. <u>Les deux oiseaux</u> font leur nid.

    ___Ils___

15. <u>Le devoir de Jacques</u> est très intéressant.

    ___Il___

16. <u>La photo de Paul</u> est jolie.

    ___Elle___

17. <u>Les étudiantes</u> vont à la Tour Eiffel.

    ___Elles___

18. <u>Les enfants</u> doivent faire la sieste.

    ___Ils___

19. <u>La chaîne stéréo de Marc</u> est bruyante.

    ___Elle___

Exercices: Complétez part *tu* ou par *vous*.

Exemple:

Vous êtes professeur.

20. _____Tu_____ es américain? Alors, _____tu_____ connais Paul Newman?

21. _____Vous_____ habitez à Paris? _____Vous_____ connaissez la Place de l'Étoile?

22. — _____Tu_____ es Paula? _____Tu_____ connais Mike? — Oui, bien sûr!

23. — _____Tu_____ t'appelles Joanna, _____Tu_____ es étudiante? — Non, je suis infirmière.

24. _____Vous_____ avez une Alfa-Roméo rouge? _____Vous_____ êtes riche?

25. — _____Vous_____ préférez le cinéma ou le théâtre? — Nous préférons le cinéma.

Exercices: Complétez avec *je*, *tu*, ou *on*.

Exemple:

— *Tu* prends un café?
—Non, *je* n'ai pas le temps.

26. _____Je_____ vais à Acapulco. _____Tu_____ viens avec moi?

27. _____Tu_____ penses! _____Je_____ veux bien aller avec toi.

28. — _____Tu_____ vas à la plage? — Non, _____je_____ vais au parc avec Alain.

29. — _____on_____ fait quelque chose ce soir? — Oui, pourquoi pas?

30. — _____Tu_____ aimes le rock? — Oui, mais _____je_____ préfère la musique classique.

31. — _____on_____ mange ensemble demain? — Désolée, _____je_____ ai déjà des projets.

Exercices: Remplacez *vous* par *tu* et faites les changements nécessaires.

Exemple: Vous êtes étudiantes? ⇒ *Tu es étudiante?*

32. Vous habitez à Lille?

   Tu habites

33. Vous êtes étudiant?

   Tu es

34. Vous vous appelez Alain Souchon?

   Tu t'appelles

35. Vous connaissez ma sœur?

   Tu connais

36. Vous êtes polonaises?

   Tu es polonais?

Exercices: Remplacez *tu* par *vous*.

Exemple:

Tu es étudiant? ⇒ *Vous êtes étudiant(s)?*

37. Tu chantes bien?

   Vous chantez

38. Tu habites à Munich?

   Vous habitez

39. Tu manges de la pizza?

   Vous mangez

40. Tu es musicien?

    Vous êtes

41. Comment t'appelles-tu?

    Vous appelez-vous

Exercices: Répondez aux questions suivantes en suivant le modèle.

Exemple:

Vous parlez français? ⇒ *Oui, je parle français.*
⇒ *Oui, nous parlons français.*

42. Vous êtes hollandais?

    Oui, je suis —

    Oui, nous sommes

43. Vous pensez au film?

    Oui, je pense

    Oui, nous pensons

44. Vous regardez beaucoup la télévision?

    Oui, je regarde

    Oui, nous regardons

45. Vous lisez un roman?

    Oui, je lis

    " , nous lisons

46. Vous partez pour le Mexique?

    Je pars

    nous partons

47. Vous aimez les fraises?   *je les aime*

    ~~En aimes~~ oui, j'aime —
    oui, nous aimons les.

48. Vous jouez aux cartes?

    je joue

    nous jouons

49. Vous connaissez ma femme?

    Oui, je connais votre

    oui nous connaissons votre

50. Habitez-vous Montpellier?

    J'habite

    nous habitons

51. Vous connaissez Paris?

    Je connais

    Nous connaissons

Exercices: Associez les pronoms avec le reste de la phrase qui convient.

Exemple: On vit dans les Alpes.

52. Je *D*   a. va à Paris.
53. Tu *F*   b. est professeur.
54. Il *c*   c. prennent le train ce matin.
55. Elle *g*   d. suis étudiant.
56. On *b*   e. allons à la piscine.
57. Nous *e*   f. parles très bien français!
58. Vous *j*   g. mangent sur la terrasse.

59. Ils   h. vit dans les Alpes.

60. Elles   i. regardent la télé.

61. Sandra   j. aimez les escargots?

2.2 Object pronouns

2.2.1 The direct object pronoun. The direct object pronoun *le* replaces a direct object masculine noun (i.e., a noun that is not separated from the verb by a preposition); *la* replaces a feminine one; *l'* is used before verbs beginning with a vowel, regardless of gender; and *les* replaces plural nouns (masculine and feminine). The pronoun *le* can also be used to sum up an idea expressed by a phrase. Note that a "z" sound links *les* to any verb that starts with a vowel. Also, beware of the fact that the pronouns refer to either persons or things, and that, contrary to English, they immediately precede the verb that they modify.

Examples:

Emma lit <u>le livre</u>.	Emma reads <u>the book</u>.
Emma <u>le</u> lit.	Emma reads <u>it</u>.
Étienne regarde <u>la télé</u>.	Steven watches <u>TV</u>.
Étienne <u>la</u> regarde.	Steven watches <u>it</u>.
Eric aime <u>les pommes</u>.	Eric loves <u>apples</u>.
Eric <u>les</u> aime.	Eric loves <u>them</u>.

Exercices: Répondez aux questions suivantes en utilisant *le*, *la*, *l'*, ou *les*.

Exemple:

Tu écoutes la radio? ⇒ <u>Oui, je l'écoute.</u>

1. Vous regardez la télé ce soir? Oui, _____
    je la regarde

2. Vous achetez le livre du professeur? Oui, _____
    je l'achète

3. Nous apportons la salade? Non, _____
    nous je ne l'apportons pas

4. Tu cherches ta voiture? Oui, *je la cherche*
    _____

5. Vous voulez le numéro de téléphone de Nicolas? Non, *je ne le veux pas*
    _____

6. Vous connaissez son adresse? Oui, _____
    je la connais

7. Elle oublie souvent les pronoms? Non, _____
    elle ne les oublie souvent

8. Vous aimez le dernier film de Kurosawa? Oui, _____
    je l'aime

9. Vous prenez toujours le bus? Oui, _____
    je le prends toujours

10. Est-ce qu'on allume la lumière? Non, _____
    on ne la? allume pas

Exercices: Remplacez les pronoms soulignés par les pronoms *le*, *la*, *l'*, ou *les*.

Exemple:

Il regarde beaucoup <u>la télévision</u>.
⇒*Il la regarde beaucoup.*

11. Ils prennent <u>leurs repas</u> trop tard. _____
    Ils prennent trop tard

12. Elles regardent <u>les informations</u> sur TF1.
    Elles les regardent

13. Tu achètes <u>le journal</u> tous les dimanches?
    Tu l'achètes

14. Ils lisent <u>Le Monde</u> tous les soirs. _____
    Ils le lisent

15. Elle adore <u>le cinéma américain</u>. _____
    l'

16. Vous faites très bien <u>la cuisine</u>. _____

17. Il ne voit pas <u>ses enfants</u> le weekend.
    Il ne les voit pas

18. J'adore la pizza au fromage. _____

_____

19. Vous cherchez vos clés? _____

Vous les cherchez

20. Tu parles le français de Marseille. _____

_____

Exercices: Imaginez une question pour chacune des réponses suivantes.

Exemple:

Tu aimes Frank Sinatra?
⇒Oui, je l'aime beaucoup.

21. *aimez-vous les garçons* _____ ?

Non, je ne les aime pas.

22. _____

_____ ?

Oui, il les collectionne.

23. _____

_____ ?

Oui, je la vois à l'école.

24. _____

_____ ?

Non, je ne les donne pas à ton ami.

25. _____

_____ ?

Non, nous ne le connaissons pas.

26. _____

_____ ?

Oui, elle la porte.

27. _____

_____ ?

Oui, je le prends souvent.

28. _____

_____ ?

Oui, je les mets tous les jours.

29. _____

_____ ?

Non, nous ne l'aimons pas.

30. _____

_____ ?

Oui, je le lis tous les soirs.

Exercices: Joignez les questions aux réponses pertinentes.

Exemple:

Elle fait ses valises aujourd'hui?
Oui, elle est en train de les faire.

31. Tu aimes cette voiture?

32. Vous voulez mon dessert?

33. Tu apprends le français?

34. Elle raconte ses histoires?

35. Vous écrivez les cartes de Noël?

36. On achète ce tableau de Manet?

37. Tu aimes ce film?

38. Vous savez que je vais en Afrique?

39. Lisa accompagne les enfants?

40. Il ne veut pas ce petit cadeau?

a. D'accord, on le mettra dans le salon.

b. Oui, elle les accompagne.

c. Je le veux bien, merci.

d. Oui, je le sais.

e. Oui, elle les raconte à tout le monde.

f. Non, je la déteste.

g. Non, je les écris demain.

h. Si, il le veut.

i. Non, je le déteste.

j. Oui, je l'apprends.

Exercices: Répondez aux questions suivantes en utilisant les pronoms *le, la, l',* ou *les.*

Exemple:

Tu visites le Louvre cet après-midi? (oui)
⇒ *Oui, je le visite.*

Vous cherchez vos clés? (non)
⇒*Non, je ne les cherche pas.*

41. Vous ouvrez la porte?
    Non, _____

42. Elle prépare le repas ce soir?
    Oui, _____

43. Vous connaissez mon frère Antoine?
    Oui, _____

44. On regarde la télé ce soir?
    Oui, _____

45. Tu mets tes chaussures?
    Non, _____

46. On fait les courses aujourd'hui?
    Oui, _____

47. Ils achètent le journal tous les jours?
    Non, _____

48. Tu ne trouves pas ta chemise blanche?
    Non, _____

49. On prend le bus pour aller en ville?
    Oui, _____

50. Elle achète le vin?
    Non, _____

Exercices: Répondez aux questions suivantes.

Exemple:

Savez vous que les Jeux Olympiques ont lieu tous les quatre ans? ⇒ *Oui, je le sais.*

51. Est-ce que vous connaissez mon frère?
    Non, _____

52. Il dit qu'il est arrivé en avance?
    Oui, _____

53. Savez-vous comment elle s'appelle?
    Oui, _____

54. Elle comprend que les vacances sont finies?
    Oui, _____

55. Sait-il qu'il y a un bal le 14 juillet?
    Non, _____

56. Est-ce qu'ils savent que le Pape habite à Rome?
    Non, _____

57. Veut-elle ce livre?
    Oui, _____

58. Penses-tu que tu vas aller à l'université?
    Oui, _____

59. Pensez-vous que Norman Mailer n'écrit pas bien?
    Non, _____

60. Il demande d'ouvrir la porte?
    Oui, _____

2.2.2 The indirect object pronoun and the disjunctive pronoun.

Lui (*to him/to her*) and *leur* (*to them*) replaces *à* + person(s) and are located before the verb. There is no gender distinction with the indirect object pronoun.

Examples:

Hélène téléphone *à son père.*
Hélène téléphone *à sa mère.* ⇒ Hélène *lui* téléphone.

Hélène téléphone *à ses amis.*
Hélène téléphone *à ses amies.* ⇒Hélène *leur* téléphone.

Note: Some verbs, like *penser à* (to think about), *être à* (to belong to), *faire attention à* (to be careful about) behave differently. They keep the preposition *à* and take the disjunctive pronoun (see next paragraph), for which gender distinction in the third person is visible.

Examples:

Hélène pense *à son père.*	⇒ Hélène pense *à lui.*
Hélène pense *à sa mère.*	⇒ Hélène pense *à elle.*
Hélène pense *à ses amis.*	⇒ Hélène pense *à eux.*
Hélène pense *à ses amies.*	⇒ Hélène pense *à elles.*

The disjunctive (or stressed) pronouns are the same as the subject pronouns for *elle, elles, nous,* and *vous.* (For the other forms, see table at the beginning of this chapter.) These pronouns are called disjunctive because they do not come before the verb, as most pronouns do. They are used:

1. after *c'est* and *ce sont:*

Examples:

C'est *lui*!
It is he.

Ce sont *elles.*
It is they.

2. after a preposition:

Examples:

Paul travaille *pour elle.*
Paul works for her.

Nous ne parlons jamais *de toi.*
We never talk about you.

3. after a comparison:

Examples:

Jules est plus grand que *lui.*
Jules is taller than he.

Arnold est aussi fort que *moi.*
Arnold is as strong as I am.

4. alone or with the subject pronoun or noun, for emphasis:

Examples:

Qui veut une glace? — *Moi*!
Who wants ice cream? —I do!

Alain et *moi*, nous allons à Paris.
Alan and I are going to Paris.

Toi, tu vas là et *moi* je vais ici.
You go there, and I go here.

5. in combination with *même:*

Examples:

Il est venu *lui-même*.	He came (himself) in person.
Faites-le *vous-mêmes*!	Do it yourselves!

Note: When the pronoun *lui* occurs *before* the verb, it is *not* a disjunctive pronoun (remember, "disjunctive" means "separate from" the verb), but rather the masculine or feminine form of the indirect object pronoun. (See table at the beginning of this chapter.)

Examples:

Marc *lui* téléphone. (= Marc téléphone à Aline/à Luc.) = Indirect object

Marc va avec *lui*. (= Marc va avec Fred) = Disjunctive

Exercices: Complétez avec *moi, toi, lui, elle, nous, vous,* ou *leur* en fonction du pronom souligné dans chaque phrase.

Exemple:

Elle a un livre pour *toi* et elle te le donnera ce soir.

1. Il adore se promener avec _____ et il m'invite samedi à la montagne.

2. Vous _____ aidez à déménager pour nous être utiles, merci bien!

3. Marc pense souvent à _____ et il t'adore.

4. Julie va venir au cinéma avec _____ et j'en suis très heureux.

5. Dites-___leur___ la vérité, ils vous en seront sûrement reconnaissants.

6. Parle-___lui___ de tes projets, il te donnera de bons conseils.

7. Jacques ___vous___ téléphone pour vous inviter à manger samedi soir.

8. Tu veux ___lui___ téléphoner pour la rencontrer la semaine prochaine?

9. Aline les écoute, mais elle ne veut pas ___leur___ parler.

10. J'aime parler avec ___elle___, alors je lui téléphone souvent.

Exercices: Complétez avec *le, la, l'*, ou *lui*.

Exemple:

— Vous avez parlé à Philippe? — Non, je *le* cherche.

11. C'est une lettre pour Claudine? Qu'est-ce que tu ___lui___ écris?

12. — J'adore Jack Nicholson. — Moi, je ___le___ déteste!

13. — Vous écrivez à votre mère? — Non, je vais ___lui___ téléphoner.

14. — Vous avez mon examen? — Oui, je ___l'___ ai.

15. — Tu parles à Aline? — Non, je ne ___lui___ parle pas.

16. — Vous avez parlé à Christophe? — Oui, nous ___lui___ avons tout dit.

17. — Tu mets ta jupe blanche? — Non, je ne ___la___ mets pas.

18. — Tu as lu le journal? — Je suis en train de ___le___ lire.

19. Marc? Je ___le___ vois tous les jours.

20. — Elle a vu *Jean de Florette*? — Non, elle ne ___l'___ a pas encore vu.

Exercices: Complétez les phrases en fonction des mots soulignés.

Exemple:

—Quand viendras-tu me voir?
—Je viendrai quand *tu* seras chez *toi*.

21. *Je* veux que Marc marche devant ___moi___; j'ai peur qu'il tombe.

22. Allez-vous avec ___lui___ au cinéma? *Ils* s'en vont dans cinq minutes.

23. Mon père, ___lui___, *il* veut bien que j'achète une moto, mais ma mère, ___elle___, elle trouve cela trop dangereux. Alors, ___moi___, je ne sais pas quoi faire.

24. ___Moi___, je n'ai jamais de chance; mais Pierre et Paul, ___eux___ trouvent toujours la bonne réponse.

25. Béatrice n'aime pas beaucoup aller au cinéma mais *Martine et Emilie*, ___elles___ elles adorent voir les films d'amour.

2.3 *Y* and *en*

The pronoun *y* replaces:

1. a noun introduced by a preposition of location (*à, en, dans, chez, sur, sous,* etc.)

2. *à* + inanimate object(s)

Examples:

Vous allez *à la piscine*?
—Oui, nous *y* allons.

Ils sont *en Corse*?
—Oui, ils *y* sont!

Ali est allé *chez le boucher*?
—Oui, il *y* est allé.

à + inanimate

Vous pensez *aux vacances*?
—Oui, j'*y* pense!*

Note: Penser à + person(s) keeps the preposition *à* + the disjunctive pronoun.

The pronoun *en* replaces:

1. the preposition *de* + noun

2. *de* + quantity (number or expression of quantity). In the case of a *definite* amount, the amount also needs to be expressed.

Examples:

1. Elle vient *de Paris*?
    —Oui, elle *en* vient.

    Vous rentrez *de la bibliothèque*?
    —Oui, nous *en* rentrons à l'instant.

    Tu as besoin *de ton livre*?
    —Non, je n'*en* ai pas besoin.

    Paul a peur *des araignées*?
    —Non, il n'*en* a pas peur.

2. Tu as <u>une</u> voiture?
    —Oui, j'*en* ai <u>une</u>.

    definite amount

    Alain a acheté <u>deux</u> timbres.
    —Il *en* a acheté <u>deux</u>.

    Ils boivent <u>beaucoup de</u> vin?
    —Non, ils n'*en* boivent pas <u>beaucoup</u>.

Exercices: Trouvez la (ou les) réponse(s) aux questions suivantes.

Exemple:

Tu cherches un cahier?
Non, j'en ai un.

1. Avez-vous du pain?   *a, f*

2. Est-ce que vous avez des timbres?   *a, a, b*

3. Est-ce que tu as un stylo?   *b*

4. Vous avez une cigarette?
    b. Oui, j'en ai un.

5. Est-ce que vous voulez de la bière?   *c. Oui, j'en ai une.*

6. Vous avez besoin de pain?   *a*   d. Merci, j'en ai assez.

7. Tu as des amis?   *e*   e. Oui, j'en ai quelques-uns.

8. Tu as un autre stylo?   *b*   f. Oui, j'en ai beaucoup.

9. Vous avez un fils?   *b*

10. Tu veux de la monnaie?   *d*

Exercices: Répondez aux questions suivantes.

Exemple:

Avez-vous un chien?
— *Oui, j'en ai un.*
— *Non, je n'en ai pas.*

11. Avez-vous des frères et des sœurs?
    Oui, j'en ai plusieurs.
    non, je n'en ai pas.

12. Avez-vous des patins à roulettes?   *roller skates*

    _____

13. Avez-vous un sport préféré?

    _____

14. Avez-vous un chat?

    _____

15. Avez-vous de la patience?

    _____

[handwritten: des + noun ... que verb]

16. Lisez-vous souvent des romans?

oui, j'en lis souvent

17. Avez-vous assez de temps libre?

J'en ai assez

18. Avez-vous une chaîne stéréo?

J'en ai une

19. Portez-vous des lunettes?

20. Mangez-vous souvent de la pizza?

Exercices: Répondez aux questions suivantes en utilisant le pronom *en*.

Exemple:

Est-ce que tu mets du lait dans ton café?
⇒(+) *Oui, j'en mets.*
⇒(-) *Non, je n'en mets pas.*

21. Est-ce que vous lisez des livres pendant les vacances? (+)

oui j'en lis

22. Les Américains mangent trop de fromage? (-)

non les américains n'en mangent pas trop

23. Vous recevez des lettres tous les jours? (-)

no, je n'en reçois pas tous le j—

24. En vacances, vous envoyez des cartes postales? (+)

oui, en vacances j'en envoie quelques—

25. Les Français boivent du vin à tous les repas? (-)

nm, les ils F n'en boivent pas à

[handwritten: en ... some]

26. Votre mère fait souvent des courses? (+)

Oui, elle les fait souvent faire

27. Les Américains font beaucoup de sport? (+)

Oui, ils en font beaucoup quantity

28. Est-ce qu'ils mangent souvent du pâté? (-)

non, ils n'en mangent pas souvent

29. Vous avez besoin de vacances? (+)

oui - j'en ai besoin

30. Vous achetez beaucoup de magazines? (+)

oui, j'en achète beaucoup

Exercices: Répondez aux questions suivantes en remplaçant les mots soulignés par *y*.

Exemple:

Vous allez souvent à la piscine?
Oui, j'y vais souvent.

31. Vous invitez vos amis au café?

32. Tu vas souvent au cinéma?

33. Tu travailles aux Galeries Lafayette?

[handwritten top margin: I ans. the ques. instead of simply changing —]

34. Tu passes <u>à l'université</u> ce matin?

_____

35. Vous habitez <u>aux États-Unis</u>?

_____

36. Vous faites souvent une promenade <u>dans le parc</u>?

_____

37. Votre cousine fait ses études <u>à Harvard</u>?

_____

38. Tu dînes <u>au restaurant universitaire</u> tous les jours?

_____

39. On se retrouve <u>sur le campus</u> à midi?

_____

40. Tu manges souvent <u>chez tes parents</u>?

_____

Exercices: *En*, *y* , ou prépositions suivies de *lui*, *elle*, *eux*, ou *elles*. Remplacez les (most) soulignés par le pronom qui convient. *[handwritten: mots ?]*

Exemples:

Vous pensez <u>à vos parents</u>.
Vous pensez *à eux*.

Vous pensez <u>à votre cours de français</u>.
Vous *y* pensez.

41. Tu reprends <u>du café</u>?

oui, j'en reprends

42. Alain pense <u>à son examen de français</u>?

oui il y pense

43. Vous avez besoin <u>du stylo</u>? *[handwritten: en]*

oui j'en ai besoin

44. Est-ce que tu viens <u>avec Julie</u>?

oui, il vient avec elle *[handwritten: after the verb]*

45. Vous allez <u>à l'université</u> tous les jours?

oui j'y vais

46. Est-ce que tu vas <u>chez Alain</u> ce soir?

oui j'y vais —

47. Vous allez <u>en Provence</u> cette année?

oui, j'y vais —

[handwritten margin: would be elle y pense / il anime]

48. Elle pense souvent à <u>ses amis de Floride</u>.

Elle pense souvent à eux — *[handwritten: anime]*

49. Elles parlent beaucoup <u>de leurs vacances</u>.

Elles en parlent beaucoup

50. Tu peux compter <u>sur Marc</u> pour t'aider avec ton devoir de mathématiques.

Tu peux compter sur lui

In summary, here is how to use 3rd person object pronouns:

	People	Things
Verbs Not Using Prepositions	*le, la, les* Je *l*'aime	

Verbs + *à*	General Rule: lui ⎫
	   ⎬ + verb
	leur ⎭
	Je *lui* téléphone. *before*
	
	A Few Exceptions:
	     ⎫ à lui
	     ⎪ à elle
	Verb + ⎨ à eux
	     ⎪ à elles
	
	penser à, être à, tenir à, etc.
	Je pense *à lui*. — *animate*
		y + verb
		J'*y* vais.

Verbs + *de*	⎫ de lui
	     ⎪ d'elle
	Verb + ⎨ d'eux
	     ⎪ d'elles
	Je parle *d'elle*.
	    (= de mon amie)
		en + verb
		J'*en* parle.
		(= du film)

person / *thing*

2.4 Position of object pronouns

Generally speaking, object pronouns are inserted between the subject (or subject pronoun) and the verb. When the verb is in the negative form, word order is as follows: Subject + *ne* + Object Pronoun + Verb + *pas*. *Note:* Disjunctive pronouns have a specific way of functioning that is different from that of the other object pronouns.

Examples:

Marc mange *sa pomme*.
Mark eats his apple.

Il *la* mange avec un couteau.
He eats it with a knife.

Il ne *la* mange pas entièrement.
He does not eat it all.

With the imperative. Word order in the *negative* form of the imperative is the same as described above, except that the subject pronoun disappears.

Examples:

Ne *la* mange pas!
Don't eat it!

N'*y* allez pas!
Don't go [there]!

Ne *lui* parlons pas!
Let's not talk to him/her!

In the *affirmative* form, the object pronouns are always located after the verb.

Examples:

Tu y vas. ⇒ Vas-y!
Nous en prenons. ⇒ Prenons-*en*!
Vous les achetez? ⇒ Achetez-*les*!

When the imperative is followed by *two pronouns*, the direct object always comes before the indirect object pronoun.

Examples:

Tu me la donnes? ⇒ Donne-*la-moi*! *
Vous nous le prêtez? ⇒ Prêtez-*le-nous*!

* For the change of *me* to *moi* in command forms, see chapter 1, section 1.7.4. *p. 14 aff. commands moi, toi*

Exercices: Joignez les phrases qui vont ensemble.

Exemple:

Allez à la piscine! ⇒ Allez-y!

do the dishes D

1. Faites la vaisselle!   a. Apprenez-le!

2. Apprenez les pronoms!   b. Lis-en!

3. mange cette pizza!   c. Prenez-la!

4. Lis ce texte!   d. Faites-la!

5. Prends le dictionnaire!   e. Manges-en!

6. Fais les courses!   f. Apprenez-les!

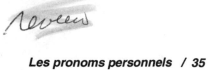

7. Prenez la voiture! *c*   g. Lis-le!

8. Lis des romans! *b*   h. Mange-la!

9. Apprenez l' *a*   i. Fais-les!
   imparfait!

10. Mange du gâteau! *j*   j. Prends-le!

Exercices: Donnez des ordres contraires en utilisant les pronoms.

Exemple:

Va à la piscine!
N'y va pas!

Ne va pas à la piscine!
Vas-y!

11. Ouvrez votre livre!

ne ~~te~~ l'ouvrez pas

12. N'allez pas au Mexique!

allez ~~au Mexique~~ y

13. Regarde le film!

Ne le regarde pas

14. Ne fais pas de judo!

Fais- ~~Faites~~ -en

15. Parle à tes amis!   *ne leur parle pas*

Ne ~~parle pas à eux~~

16. Ne mangeons pas ce gâteau!

~~Mangeons pas~~ Mangeons-le

17. Prenez des photos!

~~Ne~~ N'en prenez pas

review ↑

18. Ne dites pas la vérité!

Dites - la

19. Prenons ce train pour Paris!

ne le prenons pas

20. N'arrêtez pas ce voleur!

arrêtez -le

With compound tenses, pronouns precede the auxiliary verb (*avoir* or *être*), while with the negative form (*ne ... pas, ne ... jamais,* etc.) the order is as follows:

Subject + *ne/n'* + pronoun(s) + auxiliary + *pas* + verb

Example:

Le livre de Paul? Christine *ne* l'a *pas* lu.

Exercices: Répondez aux questions suivantes.

Exemples:

Tu as mangé la pomme?
⟹ (+) *Oui, je l'ai mangée.*
⟹ (–) *Non, je ne l'ai pas mangée.*

21. Tu as regardé la télévision hier soir? (–)

Non, je ~~~~ ne l'ai pas regardé

22. Vous avez fini vos devoirs? (+)

oui, je les ai fini
oui, nous les avons fini

23. Il a préparé ses examens? (+)

oui, il les a préparés

24. Vous avez lu un roman français? (–)

non, je ne l'ai pas lu

non, je ~~n'ai pas~~

non, nous n'en avons pas lu

where does en come from?

oui, ils en ont pris

25. Ils ont pris des leçons de tennis? (+) ✓

oui, ils en ont pris

non, elles ne l'ont pas vue. ✓

26. Elles ont vu la pièce de théâtre? (–)

nons, elles ne l'ont pas vue

27. Tu es allé à la piscine? (+)

oui, je m'y suis allé

28. Elle a bu une bouteille de vin? (+)

oui, elle l'a bu (Elle en a bu une)

29. Vous avez acheté la maison de Paul? (–)

non, nous ne l'avons pas acheté

30. Ils ont pris l'avion hier matin? (–)

non, ils ne l'ont pas pris

With a double verb construction, pronouns precede the verb that they modify, usually the one in the infinitive.

Examples:

   Je voudrais aller <u>au Mexique</u>.
   ⇒ Je voudrais *y* aller.

(*y* modifies *aller*; i.e., "I would like to go there", rather than "I would like there.")

   Étienne veut faire <u>la vaisselle</u>.
   ⇒ Étienne veut *la* faire.

   (NOT "He wants it," but rather: "He wants to do it.")

Exercices: Répondez aux questions suivantes.

Exemples;

   Vous voulez regarder la télé?
   ⇒ Oui, je veux la regarder.
   ⇒ Non, je ne veux pas la regarder.

31. Ta mère aime regarder les informations?

oui, ma mère aime les regarder

32. Vous venez d'étudier la leçon?

Oui, je viens de l'étudier

33. Vous savez conjuguer le verbe *être*?

oui je sais le conjuguer

34. Tu vas manger la pomme?

non, je ne vais pas la manger

35. Ils sont en train d'apprendre les pronoms?

oui ils sont en train de les apprendre

36. Vous aimez faire la vaisselle?

non, je n'aime pas les faire

37. Il est capable de monter les escaliers tout seul?

oui, il est capable de les monter

38. Elle aime voir les westerns au cinéma?

non, elle n'aime pas les voir

39. Les enfants veulent faire les courses?

Non, les enfants ne veulent pas les faire / *ils*

40. Ton fils sait conduire ta voiture?

oui, il sait la conduire

With a negative form. Can you apply all the cases we have seen above to the various negative possibilities?

Exercices: Mettez les phrases suivantes à la forme négative.

Exemple:

Ils l'ont pris dans le jardin.
⇒ Ils ne l'ont pas pris dans le jardin.

41. Tu nous proposes de manger ensemble.

[handwritten] Tu ne nous proposes pas de manger

42. Elle nous a dit la vérité.

[handwritten] Elle ne nous a pas dit

43. Vous pourrez les voir dans le centre ville.

[handwritten] Vous ne pourrez pas les voir

44. Elles lui téléphonent le week-end.

[handwritten] Elles ne lui téléphonent pas

45. Tu m'as dit qu'il partait demain.

[handwritten] Tu ne m'as pas dit qu'il

46. Demi Moore? Je l'aime beaucoup!

[handwritten] Je ne l'aime pas

47. L'église? Je préfère y aller tous les dimanches.

[handwritten] Je ne préfère pas y aller

48. Il nous a parlé d'elle.

[handwritten] Il ne nous a parlé pas / d'elle

49. Ta chemise bleue? Je l'ai lavée hier.

[handwritten] Je ne l'ai pas lavée hier

50. Tu y allais très souvent.

[handwritten] Tu n'y allais pas / the actual assessment

Double object pronouns. If you are using two object pronouns, the order is the following:

| me/m' te/t' nous vous se/s' [dir. or ind.] | before | le/l' la/l' les [direct] | before | lui leur [indirect] | before |
| y | before | en | | | |

Exercices: Répondez aux questions en utilisant tous les pronoms nécessaires.

[handwritten: en + y last one before the verb]

Exemples:

Est-ce qu'elle fait des gâteaux à son mari?
⇒(+) Oui, elle lui en fait.
⇒(−) Non, elle ne lui en fait pas.

51. Est-ce que tu prêtes tes livres à Paul? (+)

[handwritten] Oui, je les lui prêtes

52. Est-ce que vous portez souvent un manteau?(−)

[handwritten] Non, je ne le porte pas souvent *(wrong)*
Non, je n'en porte pas souvent un.

53. Est-ce qu'ils achètent des C.D. à leurs enfants? (+)

[handwritten] Oui, ils en achètent à eux
Oui, ils leur en achètent — *[order where is this printed]*

54. Croyez-vous qu'il va pleuvoir? (−)

[handwritten] Non, je n'en crois pas
Non, je ne le crois pas

55. Vous parlez à votre fille de son avenir? (−)

[handwritten] Non, je ne lui en parle

56. Pierre vous a dit la vérité? (+)

[handwritten] Oui, il me l'a dit

[handwritten: also #58]

57. Jacques t'a prêté <u>sa voiture</u>? (-)

non, Jacques ne me l'a pas prêtée

58. Elle a donné <u>du pain</u> <u>à Julien</u>? (+)

Oui, elle en a donné à lui X! *me*

Elle lui en a donné ✓

59. Tu as regardé <u>la télévision</u> avec <u>tes amis</u>? (-)

non, je ne l'ai pas regardé avec eux

60. Elles ont rencontré <u>leurs amis</u> <u>au parc</u>. (+)

Elles les ont rencontrés

In summary, object pronouns precede the verb, except in the affirmative imperative.

Tense	Affirmative	Negative
Simple (present, imperfect, etc)	Je **te** connais. Je **le** connais. Je **lui** parle.	Je NE **te** connais PAS. Je NE **le** connais PAS. Je NE **lui** parle PAS.
Compound (passé composé, plus-que-parfait, etc.)	Je **t'**ai rencontré hier. Je **l'**ai invitée (= Hélène). Je **lui** ai dit bonjour.	Je NE **t'**ai PAS rencontré hier. Je NE **l'**ai PAS invitée. Je NE **lui** ai PAS dit bonjour.
Imperative	Parle-**moi**. Allez-**y**! Téléphonez-**leur**!	NE **me** parle PAS! N'**y** allez PAS! NE **leur** téléphonez PAS!
Double Verb Construction	Je veux **t'**aider. Je veux **la** voir. Je veux **lui** parler.	Je NE veux PAS **t'**aider. Je NE veux PAS **la** voir. Je NE veux PAS **lui** parler.

Check Yourself

2.1 **(Subject pronouns)**

1. 1. Tu, je 2. Tu, je 3. Tu, j' 4. Tu, j' 5. Je, je 6. il, elle 7. elle, elle 8. il 9. elle, il 10. elle 11. Elle, il 12. Il 13. Il 14. Ils 15. Il 16. Elle 17. Elles 18. Ils 19. Elle 20. Tu, tu 21. Vous, Vous 22. Tu, Tu 23. Tu, tu 24. Vous, Vous 25. Vous 26. Je, Tu 27. Tu, Je 28. Tu, je 29. On 30. Tu, je 31. On, j' 32. Tu habites 33. Tu es 34. Tu t'appelles 35. Tu connais 36. Tu es 37. Vous chantez 38. Vous habitez 39. Vous mangez 40. Vous êtes 41. vous appelez-vous 42. je suis hollandais, nous sommes hollandais 43. je pense, nous pensons 44. je regarde, nous regardons 45. je lis, nous lisons 46. je pars, nous partons 47. j'aime, nous aimons 48. je joue, nous jouons 49. je connais, nous connaissons 50. j'habite, nous habitons 51. je connais, nous connaissons 52. d 53. f 54. a/b/h 55. a/b/h 56. a/h 57. e 58. j 59. c/g/i 60. c/g/i 61. a/b/h

2.2.1 **(The direct object pronoun)**

1. je la regarde/nous la regardons 2. je l'achète/nous l'achetons 3. nous ne l'apportons pas 4. je la cherche 5. je ne le veux pas/nous ne le voulons pas 6. je la connais/nous la connaissons 7. elle ne les oublie pas 8. je l'aime/nous l'aimons 9. je le prends/nous le prenons 10. on ne l'allume pas 11. Ils les prennent trop tard 12. Elles les regardent. 13. Tu l'achètes? 14. Ils le lisent. 15. Elle l'adore. 16. Vous la faites. 17. Il ne les voit pas. 18. Je l'adore. 19. Vous les cherchez? 20. Tu le parles. **Questions possibles:** 21. Tu aimes les carottes? 22. Il collectionne les timbres? 23. Tu vois Maryse de temps en temps? 24. Tu donnes les billes à mon ami? 25. Vous connaissez le nouveau professeur? 26. Aline porte la bague que je lui ai donnée? 27. Tu prends souvent le bus? 28. Tu mets tes chaussures noires? 29. Vous aimez le français? 30. Tu lis le journal? 31. f 32. c 33. j 34. e 35. g 36. a 37. i 38. d 39. b 40. h 41. je ne l'ouvre pas. 42. elle le prépare 43. je le connais./nous le connaissons. 44. on la regarde. 45. je ne les mets pas. 46. on les fait. 47. ils ne l'achètent pas. 48. je ne la trouve pas. 49. on le prend. 50. elle ne l'achète pas. **Réponses possibles:** 51. je ne le connais pas. 52. il le dit. 53. je le sais. 54. elle le comprend. 55. il ne le sait pas. 56. ils ne le savent pas. 57. elle le veut. 58. je le pense. 59. je ne le pense pas. 60. il le demande.

2.2.2 **(The indirect object pronoun and the disjunctive pronoun)**

1. moi 2. nous 3. toi 4. moi 5. leur 6. lui 7. vous 8. lui 9. leur 10. lui elle 11. lui 12. le 13. lui 14. l' 15. lui 16. lui 17. la 18. le 19. le 20. l' 21. moi 22. eux 23. lui, elle, moi 24. Moi, eux 25. elles

2.3 **(*Y* and *en*)**

1. a/f 2. a/b/e/f 3. b 4. c 5. d 6. d 7. a/b/e/f 8. b/e/f 9. b 10. d **Réponses possibles:** 11. Oui, j'en ai. 12. Oui, j'en ai. 13. Non, je n'en ai pas un. 14. Oui, j'en ai un. 15. Oui, j'en ai beaucoup. 16. Oui, j'en lis souvent. 17. Non, je n'en ai pas assez. 18. Non, je n'en ai pas une. 19. Oui, j'en porte. 20. Oui, j'en mange assez souvent. 21. Oui, j'en lis. 22. Non, ils n'en mangent pas trop. 23. Non, je n'en reçois pas tous les jours. 24. Oui, j'en envoie quelques-unes. 25. Non, ils n'en boivent pas à tous les repas. 26. Oui, elle les fait souvent. 27. Oui, ils en font beaucoup. 28. Non, ils n'en mangent pas souvent. 29. Oui, j'en ai besoin. 30. Oui, j'en achète beaucoup. **Réponses possibles:** 31. Oui, j'y invite mes amis. 32. Non, je n'y vais pas souvent. 33. Non, je n'y travaille pas. 34. Oui, j'y passe. 35. Oui, j'y habite. 36. Oui, nous y faisons souvent une promenade. 37. Non, elle n'y fait pas ses études. 38. Oui, j'y dîne tous les jours. 39. Non, on ne s'y retrouve pas, désolé! 40. Non, je n'y mange pas souvent. 41. Tu en reprends. 42. Il y pense. 43. Vous en avez besoin? 44. Est-ce que tu viens avec elle? 45. Vous y allez tous les jours? 46. Est-ce que tu y vas ce soir? 47. Vous y allez cette année? 48. Elle pense souvent à eux. 49. Elles en parlent beaucoup. 50. Tu peux compter sur lui pour t'aider avec ton devoir de maths.

2.4   (Position of object pronouns)

1. d 2. f 3. h 4. g 5. j 6. i 7. c 8. b 9. a 10. e 11. Ne l'ouvrez pas! 12. Allez-y! 13. Ne le regarde pas! 14. Fais-en! 15. Ne leur parle pas! 16. Mangeons-le! 17. N'en prenez pas! 18. Dites-la! 19. Ne le prenons pas! 20. Arrêtez-le! 21. Non, je ne l'ai pas regardée. 22. Oui, nous les avons finis. 23. Oui, il les a préparés. 24. Non, nous n'en avons pas lu [un]. 25. Oui, ils en ont pris. 26. Non, elles ne l'ont pas vue. 27. Oui, j'y suis allé. 28. Oui, elle en a bu une. 29. Non, nous ne l'avons pas achetée. 30. Non, ils ne l'ont pas pris. **Réponses possibles:** 31. Non, elle n'aime pas les regarder. 32. Oui, je viens de l'étudier. 33. Oui, je sais le conjuguer. 34. Non, je ne vais pas la manger. 35. Oui, ils sont en train de les apprendre. 36. Non, nous n'aimons pas la faire. 37. Oui, il est capable de les monter tout seul. 38. Non, elle n'aime pas les voir au cinéma. 39. Oui, ils veulent les faire. 40. Oui, il sait la conduire. 41. Tu ne nous proposes pas de manger ensemble. 42. Elle ne nous a pas dit la vérité. 43. Vous ne pourrez pas les voir dans le centre ville. 44. Elles ne lui téléphonent pas le week-end. 45. Tu ne m'as pas dit qu'il partait demain. 46. Je ne l'aime pas beaucoup. 47. Je ne veux pas y aller tous les dimanches. 48. Il ne nous a pas parlé d'elle. 49. Je ne l'ai pas lavée hier. 50. Tu n'y allais pas très souvent. 51. Oui, je les lui prête. 52. Non, je n'en porte pas souvent un./Non, nous n'en portons pas souvent un. 53. Oui, ils leur en achètent. 54. Non, je ne le crois pas. 55. Non, je [nous] ne lui en parle [parlons] pas 56. Oui, il nous l'a dite. 57. Non, il ne me l'a pas prêtée. 58. Oui, elle lui en a donné. 59. Non, je ne l'ai pas regardée avec eux. 60. Oui, elles les y ont rencontrés.

Grade Yourself

Circle the numbers of the questions you missed, then fill in the total incorrect for each topic. If you answered more than three questions incorrectly, you need to focus on that topic. (If a topic has less than three questions and you had at least one wrong, we suggest you study that topic also. Read your textbook, a review book, or ask your teacher for help.)

Subject: *Les pronoms personnels*

Topic	Question Numbers	Number Incorrect
Subject pronouns	**2.1:** 1, 2, 3, 4, 5, 6, 7, 8, 9, 10, 11, 12, 13, 14, 15, 16, 17, 18, 19, 20, 21, 22, 23, 24, 25, 26, 27, 28, 29, 30, 31, 32, 33, 34, 35, 36, 37, 38, 39, 40, 41, 42, 43, 44, 45, 46, 47, 48, 49, 50, 51, 52, 53, 54, 55, 56, 57, 58, 59, 60, 61	
The direct object pronoun	**2.2.1:** 1, 2, 3, 4, 5, 6, 7, 8, 9, 10, 11, 12, 13, 14, 15, 16, 17, 18, 19, 20, 21, 22, 23, 24, 25, 26, 27, 28, 29, 30, 31, 32, 33, 34, 35, 36, 37, 38, 39, 40, 41, 42, 43, 44, 45, 46, 47, 48, 49, 50, 51, 52, 53, 54, 55, 56, 57, 58, 59, 60	
The indirect object pronoun and the disjunctive pronoun	**2.2.2:** 1, 2, 3, 4, 5, 6, 7, 8, 9, 10, 11, 12, 13, 14, 15, 16, 17, 18, 19, 20, 21, 22, 23, 24, 25	
Y and *en*	**2.3:** 1, 2, 3, 4, 5, 6, 7, 8, 9, 10, 11, 12, 13, 14, 15, 16, 17, 18, 19, 20, 21, 22, 23, 24, 25, 26, 27, 28, 29, 30, 31, 32, 33, 34, 35, 36, 37, 38, 39, 40, 41, 42, 43, 44, 45, 46, 47, 48, 49, 50	
Position of object pronouns	**2.4:** 1, 2, 3, 4, 5, 6, 7, 8, 9, 10, 11, 12, 13, 14, 15, 16, 17, 18, 19, 20, 21, 22, 23, 24, 25, 26, 27, 28, 29, 30, 31, 32, 33, 34, 35, 36, 37, 38, 39, 40, 41, 42, 43, 44, 45, 46, 47, 48, 49, 50, 51, 52, 53, 54, 55, 56, 57, 58, 59, 60	

Le passé

Brief Yourself

The past is expressed in French and in English in its depth or distance with regard to the present. You can express what has just been done (recent past), what you did yesterday (preterit), or used to do when you were a child (habitual actions in the past). You can also get a sense of depth between past actions by saying that something had already occurred before something else happened (pluperfect). The recent past and pluperfect are reasonably similar in French and English. It is in distinguishing between *passé composé* (used to represent finished actions) vs. *imperfect* (used to describe actions that were ongoing in the past) that speakers of English have the most trouble. Also, while the imperfect is the most user-friendly tenses in the French language (with only one exception to the rule of formation), the passé composé does require that you pay a great deal of attention to the way it is formed. Let us see how the past works in French.

Test Yourself

3.1 The recent past

The recent past expresses an action in the past that has just happened. It is composed of a form of *venir + de + infinitive* of a verb.

Example:

Je viens de manger.
I just ate./I have just eaten.

Nous venons de nous laver.
We have just washed [ourselves].

Note: Review the forms of *venir* in chapter 1 (section 1.5).

Exercices: Complétez les phrases en utilisant le passé récent.

Exemple:

Le professeur *vient d'interdire* l'utilisation du dictionnaire.

1. Le prix de l'essence *vient* ~~d'augmenter~~ de 10 pour cent. (augmenter)

2. Nous _____ que Jacques est à l'hôpital. (apprendre)
   venons d'apprendre

3. On _____ un accident terrible! (voir)
   vient de voir

4. Les enfants _____ quinze jours à la montagne. (passer)
   viennent de passer

5. L'inspecteur _____ le mystère. (résoudre) (*to solve*)
   vient de résoudre

6. Je _____ un café avec Murielle. (prendre)
   viens de prendre

7. Tu as encore soif? Tu _____ un grand verre d'eau! (boire)
   viens de boire

8. Les prisonniers _____ au tribunal. (arriver)
   viennent d'arriver

vient de neiger

9. Il _____ dans le Colorado. (neiger)

10. Dépêchez-vous! Le film _vient de_.
(commencer)

Exercices: Transformez suivant le modèle.

Exemple:

Nicolas s'endort. ⇒ Nicolas _vient de s'endormir._

11. Elle arrive au lycée.

Elle vient d'arriver au lycée

12. On construit un gymnase.

On vient de construire un gymnase

13. Tu joues au tennis?

Tu viens de jouer au tennis

14. Vous téléphonez à Étienne.

Vous venez de téléphoner à Étienne

15. Nous mangeons un gâteau.

Nous venons de manger un gâteau

16. Il part pour l'école.

Il vient de partir pour l'école

17. Tu regardes la télévision.

Tu viens de regarder la télévision

18. Je pense au problème.

Je viens de penser au problème

19. Les policiers arrivent sur les lieux.

Les policiers viennent d'arriver sur les lieux

20. Nous comprenons.

Nous venons de comprendre

Exercices: Répondez aux questions suivantes au passé récent.

Exemple:

Vous ne mangez rien? ⇒ _Non, nous venons de manger._

21. Vous lui parlez? _Oui, je viens de lui parler_

22. Tu sors? _Non, je ne viens pas de sortir._ [is neg. poss?]

23. Ils jouent? _Oui, ils viennent de jouer_

24. Vous vous disputez? _Oui, je viens de me disputer_

25. Il mange une glace? _Non il ne vient pas de manger une glace_

26. Elle va à la piscine? _Oui, elle vient d'aller à la piscine_

27. Vous faites vos devoirs? _Oui, bien sûr, je viens de faire mes devoirs!_

28. Tu ne travailles pas? _____

Non, je viens de travailler
je ne viens pas de travailler

29. Vous invitez Marcel? _____

Non, nous venons d'inviter
Vous venez d'inviter M

30. Les vacances commencent? _____

Les vacances viennent de commencer

3.2 The *passé composé*

The *passé composé* expresses a past action that happened and then was over. It is used when marking the beginning, the end, or the duration of an action.

Examples:

Il *a commencé* à pleuvoir à 10 heures.
It started to rain at 10 o'clock.

La pluie s'*est arrêtée* à midi.
The rain stopped at noon.

J'*ai étudié* le français pendant 5 ans.
I studied French for 5 years.

Formation. The *passé composé* is built as follows:

Subject +	[Auxiliary verb in present tense] *avoir* or *être*	+ Past participle of main verb

The past participle of regular verbs is obtained by dropping the ending of the infinitive and adding the following endings:

Infinitive ends in:	past participle ends in:	Example:
-er	-é	manger ⇒ mang**é**
-ir	-i	finir ⇒ fin**i**
-re	-u	attendre ⇒ attend**u**

As in English, there are a number of irregular past participles, which you have to memorize. Here is a partial list:

infinitive	past participle ends in:	meaning
	-u	
boire	bu	*to drink*
connaître	connu	*to know*
courir	couru	*to run*
devoir	dû	*have to/must*
lire	lu	*to read*
obtenir	obtenu	*to get/obtain*
pleuvoir	plu	*to rain*
pouvoir	pu	*to be able to*
recevoir	reçu	*to receive*
voir	vu	*to see*
	-it	
conduire	conduit	*to drive*
dire	dit	*to say*
écrire	écrit	*to write*
faire	fait	*to do/make*
	-is	
apprendre	appris	*to learn*
comprendre	compris	*to understand*
prendre	pris	*to take*
mettre	mis	*to put*
	-ert	
offrir	offert	*to give/offer*
ouvrir	ouvert	*to open*
découvrir	découvert	*to discover*

Exercices: Écrivez l'infinitif qui correspond au participe passé donné.

Exemple: allé = aller

1. obtenu ____ *obtenir*

2. dit ____ *dire*

3. mis ____ *mettre*

4. mordu ____ *mordre*

5. couru ____ *courir*

être partir, être Tombée

6. téléphoné _téléphoner_

7. vu _voir_

8. pris _prendre_

9. fini _finir_

10. lu _lire_

Exercices: Complétez avec l'infinitif ou le participe passé qui manque.

11. ~~avoir~~ _rendre_ rendu

12. devoir _dû_

13. _fermer_ fermé

14. offrir ~~offrit~~ offert

15. perdre _perdu_

16. _attendre_ attendu

17. _faire_ fait

18. ouvrir ~~ouvrit~~ ouvert

19. savoir _su_

20. _connaître_ connu

Exercices: Soulignez les verbes au passé composé et écrivez l'infinitif.

Exemple:

Tu as regardé la télévision hier soir? *regarder*

21. Je t'ai rendu ta monnaie (*change*)?
~~changer~~ rendre

22. Nous avons mis le lait dans le réfrigérateur.
mettre

23. Aline et Fabien ont acheté une nouvelle voiture. _acheter_

24. Elle a mal dormi. _dormir_

25. Vous êtes venus trop tard. _venir_

26. À qui as-tu prêté les clés de la voiture? _prêter_

27. Ce cours m'a beaucoup appris. _apprendre_

28. Quand avez-vous su la vérité? _savoir_

29. Je lui ai offert un cadeau. _offrir_

30. Nous avons vécu 5 ans au Canada. _vivre_

Exercices: Mettez les verbes au passé composé.

Exemple:

Il vient de monter dans la salle de bain.
*Il **est monté** dans la salle de bain.*

31. Vous venez d'avoir un accident?

vous avez ~~venez~~ eu

32. Nous venons d'arriver à Dijon.

Nous ~~nous~~ sommes ~~êtes~~ arrivés

33. Mon fils vient de passer un examen.

Mon fils a passé

34. Le taxi vient de partir. est

Le taxi a parti

35. La nuit vient de tomber.

La nuit est tombée

36. Tu viens d'apprendre la nouvelle.

Tu as appris

37. Je viens de recevoir une lettre.

J'ai reçu

38. Jean-Marc vient de nous voir.

J-M nous a vu

39. Vous venez de perdre vos clés?

Vous avez perdu

40. Je viens de voir le match de foot.

_J'ai vu_

3.2.1 The auxiliary

Most verbs use *avoir*, but *être* is used for *all* reflexive verbs and the following:

Verb	Meaning	Passé composé
aller	*to go*	je suis allé(e)
venir	*to come*	je suis venu(e)
arriver	*to arrive*	je suis arrivé(e)
partir	*to leave*	je suis parti(e)
descendre	*to go down*	je suis descendu(e)
monter	*to go up*	je suis monté(e)
tomber	*to fall*	je suis tombé(e)
devenir	*to become*	je suis devenu(e)
entrer	*to enter*	je suis entré(e)
sortir	*to go out*	je suis sorti(e)
naître	*to be born*	je suis né(e)
mourir	*to die*	je suis mort(e)
passer	*to pass, to go by*	je suis passé(e)
rester	*to remain, to stay*	je suis resté(e)
rentrer	*to go home*	je suis rentré(e)
retourner	*to return*	je suis retourné(e)
revenir	*to come back*	je suis revené(e)

Exercices: Complétez les phrases avec l'auxiliaire *avoir* ou *être* selon le besoin.

Exemple: Elle nous *a* promis un cadeau.

1. Nous _____ sommes _____ sortis à 8 heures.

2. Elles ___ sont ___ montées dans leur chambre.

3. Brigitte ___ a ___ obtenu de bonnes notes (*grades*) en français.

4. Ils ___ sont ___ rentrés à 5 heures, puis ils ___ sont ___ repartis.

5. Ma grand-mère ___ est ___ morte à 35 ans.

6. ___ Avez ___ -vous lu tous les romans de Zola?

7. Qu'est-ce que tu lui ___ as ___ offert pour son anniversaire?

8. Vous ___ avez ___ perdu votre chien?

9. Bruno nous ___ a ___ ouvert la porte.

10. Ton concert ___ a ___ eu du succès.

Exercices: *Avoir* ou *être*?

Exemple: J'ai bu

11. J'ai   a. pu
    b. arrivé
    c. dit
    d. montée
    e. bu

12. Je suis   f. parti
    g. connu
    h. compris
    i. couru
    j. allé

3.2.2 Past participle agreements

The past participle of verbs conjugated with *être* agrees in gender (masculine/feminine) and number (singular/plural) with the subject.

Examples:

Il est parti à cinq heures.
He left at 5:00.

Ell*es* sont sorti*es* hier soir.
They went out last night.

Avoir only agrees with a <u>*preceding*</u> direct object (usually one of the pronouns: *me, te, se, le/la/les, nous,* and *vous*). Careful! *Me, te, se, nous,* and *vous* can also be indirect object pronouns. <u>*Que* is the direct object relative pronoun</u> (see chapter 13).

Exemples:

Voici *les billets* <u>que</u> nous avons acheté*s*. *Les* a-t-il vu*s*?
Here arc the tickets we bought. Has he seen them?

Exercices: Complétez les phrases avec les terminaisons quand c'est nécessaire.

Exemple: Ils ont fait la vaisselle. Elles sont monté*es* chez Marc.

1. Elle est sorti*e* à minuit.

2. Ils sont tombé*s* du bus.

3. Annette est resté*e* chez elle.

4. Ils sont né*s* en 1990.

5. Elles ont mis _____ la table.

6. Moi, je me suis retrouvé*e* seule.

7. Vous avez visité _____ le Louvre?

8. Elles ont pris _____ un taxi.

9. Ils sont allé*s* au café.

10. Elles sont rentré*es* du cinéma.

11. Vous avez dû _____ beaucoup souffrir!

12. Elle a appris _____ sa leçon et elle est sorti*e*.

13. Comment ont-ils compris _____ tout cela?

14. Nous sommes sorti*s* de chez Julien à 11 heures.

15. Elle est parti*e* avant moi.

16. Marc et Claudette sont venu*s* avec Patrick.

17. Odette, est-ce que tu es allé*e* chez le médecin hier?

18. Les garçons ne sont pas rentré*s* de la nuit.

19. Nous avons admiré _____ la Mona Lisa au Louvre.

20. Rodolphe et moi, nous sommes rentré*s* ensemble.

Exercices: Transformez les phrases suivantes du *singulier* au *pluriel*.

Exemple:

Il est rentré en retard. ⇒ Il*s* *sont* rentrés en retard.

21. Tu es arrivé tôt.

    Vous êtes arrivé(e)s

22. Je suis venue vous voir.

    nous sommes venues

23. Tu as regardé le dernier épisode?

    Vous avez

24. Il est rentré du Japon.

Ils sont rentrés

25. J'ai bien mangé.

nous avons

26. Il est venu à cheval.

Ils sont venus

27. Tu as goûté à la viande?

Vous avez

28. Elle a bien vu l'accident.

Elles ont

29. Tu as bien aimé le film.

Vous avez

30. J'ai beaucoup maigri.

Nous avons

Exercices: Conjuguez les verbes entre parenthèses au passé composé.

Exemple:

Nous *avons vu* le dernier film de Claude Berri. (voir)

31. Elle *a donné* (donner) toutes les réponses.

32. Ils *ont reçu* (recevoir) l'ambassadeur de France.

33. Je *suis devenu* (devenir) médecin.

34. Nous *avons ouvert* (ouvrir) la porte de sa chambre.

35. Tu *as* (avoir) le temps de lire ta lettre.

36. Elle *a pu* (pouvoir) finir à l'heure.

37. Il *a plu* (pleuvoir) toute la nuit.

38. Vous *avez dû* (devoir) avoir très peur!

39. Je *ai connu* (connaître) Antoine à une soirée.

40. Il *a vu* (voir) une pièce de Molière.

Exercices: Transformez les phrases suivantes à la forme négative.

Exemple:

Elle a bu tout le lait. ⇒ Elle *n'a pas* bu tout le lait.

41. Tu as voulu aller à Paris. _____

Tu n'as pas voulu

42. Ils sont partis en voyage de noces. _____

Ils ne sont pas partis

43. Elle a téléphoné à sa sœur. _____

Elle n'a pas

44. Vous avez eu beaucoup de chance. _____

Vous n'avez pas eu

45. J'ai vu ce film à la télévision. _____

Je n'ai pas vu

46. Nous avons fini nos devoirs. _____

n'avons pas fini

47. Elle a perdu son sac. _____

    n l'a pas perdu

48. Vous avez conduit toute la nuit. _____

    n' pas

49. Elles sont arrivées en retard. _____

50. J'ai passé un mois au Maroc. _____

3.2.3 Agreement of reflexive verbs

Reflexive verbs are conjugated with *être*. They agree with the reflexive pronoun *when it is a direct object.**

*When the reflexive verb is followed by (1) a direct object or (2) an indirect object verb, the reflexive pronoun is considered indirect.

Examples:

Elle s'est lavée. *But:* Elle s'est lavé <u>les</u> mains.
Nous nous sommes parlé pendant une heure. (parler à quelqu'un)

Exercices: Mettez les verbes soulignés au passé composé.

Exemple:

Le président *se dirige* vers la Maison Blanche.
Le président *s'est dirigé* vers la Maison Blanche.

1. Je <u>m'endors</u> avant 10 heures.

   Je me suis endormi(e)

2. Il <u>se peigne</u> les cheveux.

   Il s'est peigné les cheveux

3. Nous <u>nous promenons</u> en ville.

   Nous nous sommes promené(e)s

4. Elle <u>s'ennuie</u> toute la journée.

   Elle s'est ennuiée

5. Ils <u>se brossent</u> les dents.

   Ils se sont brossé les dents

6. Marc et Antoinette <u>se parlent</u>.

   se sont parlé

7. Je <u>me couche</u> tôt le soir.

   Je me suis couché

8. Vous <u>vous entendez</u> bien.

   Vous vous êtes entendue 2

9. Les enfants <u>se voient</u> tout l'été.

   les enfants se sont vus

10. Elles <u>s'amusent</u> beaucoup.

    Elles se sont amusées beaucoup

Exercices: Mettez les verbes entre parenthèses au passé composé.

Exemple:

Je *me suis amusé* toute la journée. (s'amuser)

11. Où est-ce que vous *vous êtes retrouvés* _____ (se retrouver)?

12. Martine *s'est lavée* _____ (se laver) ce matin.

13. Ils _se sont promenés_ (se promener) dans un parc.

14. Vous _vous êtes téléphoné_ (se téléphoner) tous les jours?

15. Nous _nous sommes excusés_ (s'excuser) d'être en retard.

16. Est-ce qu'elle _s'est souvenue_ (se souvenir) de moi?

17. Ils _sont installés_ (s'installer) dans un quartier chic.

18. Nous _nous sommes embrassés_ (s'embrasser) pour le Jour de l'An.

19. Mes parents _se sont occupés_ (s'occuper) de mon chien.

20. Elle _s'est habillée_ (s'habiller) à 7 heures.

3.3 The imperfect

The imperfect expresses an ongoing, repeated, interrupted, or habitual action in the past. It is often used for descriptions.

Note: In English, the imperfect translates as: "I did, I was doing, I used to do, I would do, how about doing . . . ?, if only I did."

Examples:

Il *était* beau.
He was handsome.

Les oiseaux *chantaient.*
The birds were singing.

Quand j'*étais* enfant, nous *allions* à l'église le dimanche.
When I was a child, we used to/would go to church on Sundays.

Je *lisais* quand le téléphone a sonné.
I was reading when the phone rang.

Formation. Drop the *-ons* ending to the verb conjugated in the *nous* form of the present tense and add: *-ais, -ais, -ait, -ions, -iez, -aient.* Only the verb *être* is irregular in the imperfect: *j'étais, tu étais, il était, nous étions, vous étiez, ils étaient.*

Examples:

travailler (present: nous travaill-ons) ⇒ je travaill*ais*

commencer (present: nous commenç-ons) ⇒ on commenç *ait*

boire (present: nous buv-ons) ⇒ je buv*ais*, nous *buvions*

Exercices: Écrivez les verbes suivants à la forme indiquée par le pronom sujet.

1. écrire: vous _écriviez_

2. écouter: il _écoutait_

3. se marier: nous _nous mariions_

4. venir: je _venais_

5. s'aimer: ils _s'aimaient_

6. faire: elles _faisaient_

7. manger: on _mangeait_

8. être: nous _étions_

9. rire: elle _riait_

10. avoir: tu _avais_

Exercices: Transformez les phrases du *singulier* au *pluriel.*

Exemple:

Il mangeait du poulet.
Ils mangeaient du poulet.

11. Tu faisais toujours la vaisselle.

Vous faisiez

12. Elle lisait beaucoup de livres.

   Elles lisaient

13. Je voulais apprendre le grec.

   Nous voulions

14. Il attendait le train tous les matins.

   Ils attendaient

15. Tu jouais aux échecs (*chess*).

   Vous jouiez

16. Elle aimait les jeux solitaires.

   Elles aimaient

17. J'étais très heureux!

   Nous étions

18. Tu habitais au Mexique.

   Vous habitiez

19. Il avait beaucoup de frères.

   Ils avaient

20. Elle recevait toujours des "A".

   Elles recevaient

Exercices: *Quand j'habitais en France...* Mettez les verbes entre parenthèses à l'imparfait.

Exemple:

Elle *écoutait* la radio tous les soirs. (écouter)

21. Quand j'habitais en France, je *buvais* (boire) beaucoup de vin.

22. En ce temps-là, mes amis *se sentaient* (se sentir) bien avec nous.

23. Nous *avions* (avoir) toujours faim!

24. Mauricette *se souvenait* (se souvenir) très bien du jeune homme que j'étais.

25. Nous *jouions* (jouer) aux cartes jusqu'au matin.

26. Marc et Paul, vous *vous leviez* (se lever) très tard.

27. Giuseppe *vendait* (vendre) des fruits sur le marché.

28. Les enfants *se lavaient* (se laver) rarement.

29. Toi, Alain, tu *passais* (passer) des heures à regarder la mer.

30. Je *me promenais* (se promener) souvent à travers la ville à pied.

Exercices: *Imparfait* ou *passé composé*? Mettez le verbe au temps qui convient selon le contexte.

Exemple:

Je te *rencontrais* souvent ici, mais un jour, tu n'*es* pas *venue*. (rencontrer, venir)

31. Hier soir, je vous *voyais ai vu* (voir) en ville; vous *mangiez* (manger) à la terrasse d'un café.

32. Il *a eu avait* (avoir) l'intention d'aller au cinéma, mais il *ne pouvait pas n'a pas pu* (ne pas pouvoir) y aller.

33. Quand je *suis allé* (aller) voir Aline jeudi dernier, elle *souffrait* (souffrir) d'un rhume horrible.

34. Pendant que j' _____ (habiter) à Paris, je _____ (ne prendre) le métro qu'une seule fois.

[handwritten: habitais]
[handwritten: n'ai pas pris]
[handwritten: n'a pas ... fait]

35. Ma fille _____ (ne pas faire) ses devoirs parce qu'elle _____ (être) malade hier soir.

[handwritten: était]

36. D'habitude, je _____ (réussir) toujours aux examens, mais ce jour-là, j' _____ (rater) complètement.

[handwritten: réussis / réussissais]
[handwritten: ai raté]

37. Vous _____ (dormir) encore quand Luc _____ (décider) de partir.

[handwritten: dormiez]
[handwritten: a décidé]

38. Elle _____ (parler) à sa mère quand je _____ (arriver).

[handwritten: parlait]
[handwritten: suis arrivé]

39. Quand il _____ (commencer) à pleuvoir, nous _____ (être) déjà chez lui.

[handwritten: commençait (a commencé)]
[handwritten: étions]

40. Nous _____ (discuter) toute la nuit parce qu'il _____ (aimer) beaucoup bavarder.

[handwritten: discutions (avons discuté)]
[handwritten: aimait]

41. Dès (as soon as) qu'elle a ouvert la bouche, je _____ (penser): "Tu ne dis pas la vérité."

[handwritten: j'ai pensé]

42. Pauvre Maurice! Il _____ (ne pas réussir) à l'examen. C'était trop difficile pour lui.

[handwritten: n'a pas réussi]

43. Nous _____ (vouloir) vous voir, mais quand nous sommes arrivés à l'hôtel, vous étiez déjà partis.

[handwritten: voulions]

44. Elle _____ (croire) en Dieu, n'est-ce pas?

[handwritten: croyait]

45. Quand il _____ (savoir) la vérité, il a ri.

[handwritten: a su]

46. Il _____ (pouvoir) y aller, mais il ne voulait pas.

[handwritten: a pu / pouvait]

Exercices: *Imparfait* ou *passé composé*? Mettez le paragraphe au passé en employant le passé composé ou l'imparfait. C'est Jean-Luc qui parle.

Il _____ (47. être) une heure de l'après-midi. Je _____ (48. ne pas pouvoir) trouver de nourriture dans la maison. Je _____ (49. se lever), je _____ (50. se raser), je _____ (51. prendre) un bain et je _____ (52. s'habiller). Il _____ (53. faire) un froid terrible. Après avoir marché dans la neige sur un kilomètre, je _____ (54. trouver) un restaurant. Je _____ (55. demander) au serveur combien de temps il me faudrait attendre. Toutes les tables _____ (56. être) occupées. Il me _____ (57. répondre) que je devrais attendre deux heures. Je _____ (58. partir) du restaurant furieux et je _____ (59. rentrer) chez moi. Lorsque je _____ (60. arriver), ma mère _____ (61. rentrer) du marché. Quelques minutes plus tard, je _____ (62. manger) un sandwich au jambon et fromage tout à fait délicieux.

3.4 The pluperfect

The pluperfect, or *plus-que-parfait*, also called the past perfect, expresses an action that took place before another past action.

Example:

J'ai téléphoné mais ils *étaient* déjà *partis*.
I called but they <u>had</u> already <u>left</u>.

Formation. Like the *passé composé*, it is composed of *avoir* or *être* (but in the *imperfect*) and a past participle. Except for the tense of the auxiliary verb, all the rules of formation and agreement of the *passé composé* apply here as well.

Examples:

J'*ai* mangé. (*passé composé*)
J'*avais* mangé. (*plus-que-parfait*).

Nous *sommes* sor<u>tis</u>.
Nous *étions* sor<u>tis</u>.

Exercices: Transformez les verbes du passé composé au plus-que-parfait.

Exemple:

Il a répondu ⇒ *Il avait répondu*

1. Il a plu: *Il avait plu*

2. J'ai suivi: *J'avais suivi*

3. Nous sommes devenus: *nous étions devenus*

4. Elles sont tombées: *Elles étaient tombées*

5. Tu as dit: *Tu avais dit*

6. Vous avez connu: *vous aviez connu*

7. J'ai conduit: *J'avais conduit*

8. Elle a écrit: *Elle avait écrit*

9. Ils sont arrivés: *Ils étaient arrivés*

10. Tu as réfléchi: *Tu avais réfléchi*

Exercices: Transformez les verbes de l'imparfait au plus-que-parfait.

Exemple:

Il répondait ⇒ *Il avait répondu*

11. Elles faisaient: *Elles avaient fait*

12. Tu partais: *Tu étais parti*

13. Il pouvait: *Il avait pu*

14. Vous croyiez: *Vous aviez cru*

15. Nous lisions: *nous avions lu*

16. Je tombais: *J'étais tombé*

17. Nous découvrions: *nous avions découvert de couvert*

18. On voulait: *avait voulu*

19. Tu sortais: *Tu étais sorti*

20. Elles couraient: *elles avaient couru*

Exercices: Écrivez les verbes donnés au plus-que-parfait.

Exemple:

Elle nous *avait averti* (avertir) longtemps avant ton arrivée.

21. Tu *étais parti* (partir) quand j'ai téléphoné.

22. Marc *avait fini* (finir) ses devoirs quand il est sorti.

23. Quand Lucien est arrivé, nous *avions vu* (voir) le film.

24. Vous *aviez rangé* (ranger) vos jouets quand votre mère est arrivée.

25. Quand tu avais mon âge, tu *avais reçu* (recevoir) une médaille.

26. Il *s'était excusé* (s'excuser) sans qu'on le lui ait demandé.

27. Une fois que Nicolas *avait lu* (lire) un livre, il se couchait.

28. Tu prenais ton bain après que Sébastien *avait pris* (prendre) le sien (*his*).

29. Ce jour-là, Patrice *avait étudié* (étudier) ses verbes avant d'aller à l'école.

30. Souvent, après que tu *étais parti* (partir) pour

le travail, je choisissais un de tes vêtements pour aller à l'école.

Exercices: *Imparfait*, *passé composé*, ou *plus-que-parfait*? Mettez les verbes entre parenthèses au temps du passé qui convient.

Exemple:

Il (faire) *faisait* très chaud ce matin-là.

Je n'(31. arriver) _arrivais_ plus à dormir. Alors, je (32. se lever) _me suis levé_, je (33. aller) _suis allé_ au sous-sol (*basement*) où la température (34. être) _était_ plus agréable et je (35. commencer) _ai commencé_ à lire le journal. Je (36. lire) _lisais_ depuis un petit moment quand je (37. entendre) _j'ai entendu_ un bruit à l'extérieur. Je (38. être) _ai été_ surpris, car à cette heure matinale, tout le monde (39. dormir) _dormait_ profondément dans la maison. Je (40. se diriger) _me suis dirigé_ vers la porte, je l'(41. ouvrir) _ai ouvert_ et je (42. voir) _ai vu_ le fils des voisins qui (43. rentrer) _rentrait_ d'une soirée. Le jeune homme (44. s'excuser) _s'est excusé_ et il (45. expliquer) _a expliqué_ qu'il (46. oublier) _avait oublié_ ses clés avant de sortir; comme il (47. voir) _avait vu_ de la lumière dans mon sous-sol, il (48. décider) _a décidé_ de venir frapper. Il (49. vouloir) _voulait_ savoir si je (50. pouvoir) _pouvais_ lui prêter la clé que ses parents (51. laisser) _avaient laissée_ chez nous.

✔ Check Yourself

3.1 (The recent past)

1. vient d'augmenter 2. venons d'apprendre 3. vient de voir 4. viennent de passer 5. vient de résoudre 6. viens de prendre 7. viens de boire 8. viennent d'arriver 9. vient de neiger 10. vient de commencer 11. Elle vient d'arriver 12. On vient de construire 13. Tu viens de jouer 14. Vous venez de téléphoner 15. Nous venons de manger 16. Il vient de partir 17. Tu viens de regarder 18. Je viens de penser 19. Les policiers viennent d'arriver 20. Nous venons de comprendre 21. Non, nous venons de lui parler. 22. Non, je viens de sortir. 23. Non, ils viennent de jouer. 24. Non, nous venons de nous disputer. 25. Non, il vient de manger une glace. 26. Non, elle vient d'aller à la piscine. 27. Non, nous venons de faire nos devoirs. 28. Non, je viens de travailler. 29. Non, nous venons d'inviter Marcel. 30. Non, les vacances viennent de commencer.

3.2 (The *passé composé*)

1. obtenir 2. dire 3. mettre 4. mordre 5. courir 6. téléphoner 7. voir 8. prendre 9. finir 10. lire 11. rendre 12. dû 13. fermer 14. offert 15. perdu 16. attendre 17. faire 18. ouvert 19. su 20. connaître 21. ai rendu / rendre 22. avons mis / mettre 23. ont acheté / acheter 24. a dormi / dormir 25. êtes venus / venir 26. as... prêté / prêter 27. a... appris apprendre 28. avez-...su / savoir 29. ai offert / offrir 30. avons vécu / vivre 31. Vous avez eu 32. Nous sommes arrivé(e)s 33. Mon fils a passé 34. Le taxi est parti 35. La nuit est tombée 36. Tu as appris 37. J'ai reçu 38. Jean-Marc nous a vu(e)s 39. Vous avez perdu 40. J'ai vu

3.2.1 (The auxiliary)

1. sommes 2. sont 3. a 4. sont, sont 5. est 6. Avez 7. as 8. avez 9. a 10. a 11. a/c/e/g/h/i 12. b/d/f/j

3.2.2 (Past participle agreements)

1. sortie 2. tombés 3. restée 4. nés 5. mis 6. retrouvée (Mind the feminine of **seule**) 7. visité 8. pris 9. allés 10. rentrées 11. dû 12. appris, sortie 13. compris 14. sorti(e)s 15. partie 16. venus 17. allée 18. rentrés 19. admiré 20. rentrés 21. Vous êtes arrivés tôt. 22. Nous sommes venues vous voir. 23. Vous avez regardé le dernier épisode? 24. Ils sont rentrés du Japon. 25. Nous avons bien mangé.

26. Ils sont venus à cheval. 27. Vous avez goûté à la viande? 28. Elles ont bien vu l'accident. 29. Vous avez bien aimé le film. 30. Nous avons beaucoup maigri. 31. a donné 32. ont reçu 33. suis devenu(e) 34. avons ouvert 35. as eu 36. a pu 37. a plu 38. avez dû 39. J'ai connu 40. a vu 41. Tu n'as pas voulu aller à Paris. 42. Ils ne sont pas partis en voyage de noces. 43. Elle n'a pas téléphoné à sa sœur. 44. Vous n'avez pas eu beaucoup de chance. 45. Je n'ai pas vu ce film à la télévision. 46. Nous n'avons pas fini nos devoirs. 47. Elle n'a pas perdu son sac. 48. Vous n'avez pas conduit toute la nuit. 49. Elles ne sont pas arrivées en retard. 50. Je n'ai pas passé un mois au Maroc.

3.2.3 (Agreement of reflexive verbs)

1. Je me suis endormi(e) 2. Il s'est peigné 3. Nous nous sommes promené(e)s 4. Elle s'est ennuyée 5. Ils se sont brossé 6. Marc et Antoinette se sont parlé 7. Je me suis couché(e) 8. Vous vous êtes bien entendu(e)s 9. Les enfants se sont vus 10. Elles se sont beaucoup amusées. 11. vous êtes retrouvé(e)s 12. s'est lavée 13. se sont promenés 14. vous êtes téléphoné 15. nous sommes excusé(e)s 16. s'est souvenue 17. se sont installés 18. nous sommes embrassé(e)s 19. se sont occupés 20. s'est habillée

3.3 (The imperfect)

1. écriviez 2. écoutait 3. nous marions 4. venais 5. s'aimaient 6. faisaient 7. mangeait 8. étions 9. riait 10. avais 11. Vous faisiez 12. Elles lisaient 13. Nous voulions 14. Ils attendaient 15. Vous jouiez 16. Elles aimaient 17. Nous étions 18. Vous habitiez 19. Ils avaient 20. Elles recevaient 21. je buvais 22. se sentaient 23. avions 24. se souvenait 25. jouions 26. vous leviez 27. vendait 28. se lavaient 29. passais 30. me promenais 31. ai vu(e)s, mangiez 32. avait, n'a pas pu 33. suis allé(e), souffrait 34. habitais, n'ai pris 35. n'a pas fait, était 36. réussissais, ai râté 37. dormiez, a décidé 38. parlait, suis arrivé(e) 39. a commencé, étions 40. avons discuté, aimait 41. j'ai pensé 42. n'a pas réussi 43. voulions 44. croyait 45. a su 46. pouvait 47. était 48. ne pouvais pas 49. me suis levé 50. me suis rasé 51. j'ai pris 52. me suis habillé 53. faisait 54. j'ai trouvé 55. J'ai demandé 56. étaient 57. m'a répondu 58. suis parti 59. suis rentré 60. suis arrivé 61. rentrait 62. mangeais

3.4 (The pluperfect)

1. Il avait plu 2. J'avais suivi 3. Nous étions devenus 4. Elles étaient tombées 5. Tu avais dit 6. Vous aviez connu 7. J'avais conduit 8. Elle avait écrit 9. Ils étaient arrivés 10. Tu avais réfléchi 11. Elles avaient fait 12. Tu étais parti(e) 13. Il avait pu 14. Vous aviez cru 15. Nous avions lu 16. J'étais tombé(e) 17. Nous avions découvert 18. On avait voulu 19. Tu étais sorti(e) 20. Elles avaient couru 21. étais parti(e) 22. avait fini 23. avions vu 24. aviez rangé 25. avais reçu 26. s'était excusé 27. avait lu 28. avait pris 29. avait étudié 30. était parti(e) 31. arrivais 32. me suis levé 33. suis allé 34. était 35. j'ai commencé 36. lisais 37. j'ai entendu 38. J'ai été 39. dormait 40. me suis dirigé 41. ai ouverte 42. j'ai vu 43. rentrait (était rentré) 44. s'est excusé 45. a expliqué 46. avait oublié 47. avait vu 48. avait décidé 49. voulait 50. pouvais 51. avaient laissée

Grade Yourself

Circle the numbers of the questions you missed, then fill in the total incorrect for each topic. If you answered more than three questions incorrectly, you need to focus on that topic. (If a topic has less than three questions and you had at least one wrong, we suggest you study that topic also. Read your textbook, a review book, or ask your teacher for help.)

Subject: Le passé

Topic	Question Numbers	Number Incorrect
The recent past	**3.1:** 1, 2, 3, 4, 5, 6, 7, 8, 9, 10, 11, 12, 13, 14, 15, 16, 17, 18, 19, 20, 21, 22, 23, 24, 25, 26, 27, 28, 29, 30	
The *passé composé*	**3.2:** 1, 2, 3, 4, 5, 6, 7, 8, 9, 10, 11, 12, 13, 14, 15, 16, 17, 18, 19, 20, 21, 22, 23, 24, 25, 26, 27, 28, 29, 30, 31, 32, 33, 34, 35, 36, 37, 38, 39, 40	
The auxiliary	**3.2.1:** 1, 2, 3, 4, 5, 6, 7, 8, 9, 10, 11, 12	
Past participle agreements	**3.2.2:** 1, 2, 3, 4, 5, 6, 7, 8, 9, 10, 11, 12, 13, 14, 15, 16, 17, 18, 19, 20, 21, 22, 23, 24, 25, 26, 27, 28, 29, 30, 31, 32, 33, 34, 35, 36, 37, 38, 39, 40, 41, 42, 43, 44, 45, 46, 47, 48, 49, 50	
Agreement of reflexive verbs	**3.2.3:** 1, 2, 3, 4, 5, 6, 7, 8, 9, 10, 11, 12, 13, 14, 15, 16, 17, 18, 19, 20	
The imperfect	**3.3:** 1, 2, 3, 4, 5, 6, 7, 8, 9, 10, 11, 12, 13, 14, 15, 16, 17, 18, 19, 20, 21, 22, 23, 24, 25, 26, 27, 28, 29, 30, 31, 32, 33, 34, 35, 36, 37, 38, 39, 40, 41, 42, 43, 44, 45, 46, 47, 48, 49, 50, 51, 52, 53, 54, 55, 56, 57, 58, 59, 60, 61, 62	

Topic	Question Numbers	Number Incorrect
The pluperfect	**3.4:** 1, 2, 3, 4, 5, 6, 7, 8, 9, 10, 11, 12, 13, 14, 15, 16, 17, 18, 19, 20, 21, 22, 23, 24, 25, 26, 27, 28, 29, 30, 31, 32, 33, 34, 35, 36, 37, 38, 39, 40, 41, 42, 43, 44, 45, 46, 47, 48, 49, 50, 51	

Les nombres, la date, l'heure

Brief Yourself

4.1 Numbers

4.1.1 Cardinal numbers. The cardinal numbers in French are as follows:

0	zéro	26	vingt-six	80	quatre-vingts
1	un	27	vingt-sept	81	quatre-vingt-un
2	deux	28	vingt-huit	82	quatre-vingt-deux
3	trois	29	vingt-neuf	90	quatre-vingt-dix
4	quatre	30	trente	91	quatre-vingt-onze
5	cinq	31	trente et un	92	quatre-vingt-douze
6	six	32	trente-deux	99	quatre-vingt-dix-neuf
7	sept	40	quarante	100	cent
8	huit	41	quarante et un	101	cent un
9	neuf	42	quarante-deux	102	cent deux
10	dix	50	cinquante	120	cent vingt
11	onze	51	cinquante et un	199	cent quatre-vingt-dix-neuf
12	douze	52	cinquante-deux	200	deux cents
13	treize	60	soixante	201	deux cent un
14	quatorze	61	soixante et un	202	deux cent deux
15	quinze	62	soixante-deux	300	trois cents
16	seize	70	soixante-dix	400	quatre cents
17	dix-sept	71	soixante et onze	500	cinq cents
18	dix-huit	72	soixante-douze	600	six cents
19	dix-neuf	73	soixante-treize	700	sept cents
20	vingt	74	soixante-quatorze	800	huit cents
21	vingt et un	75	soixante-quinze	900	neuf cents
22	vingt-deux	76	soixante-seize	1 000	mille
23	vingt-trois	77	soixante-dix-sept	1 001	mille un
24	vingt-quatre	78	soixante-dix-huit	1 100	mille cent, onze cent
25	vingt-cinq	79	soixante-dix-neuf		

1 200 mille deux cents	2 000 deux mille
douze cents	1 000 000 un million (de)
1 900 mille neuf cents	1 000 000 000 un milliard (dc)
dix-neuf cents	

1 995 mille neuf cent quatre-vingt-quinze
     dix-neuf cent quatre-vingt-quinze

Note: With 21, 31, 41, 51, 61, and 71, you should use *et* but no hyphen.

Example: vingt et un/soixante et onze

However, *et* is NOT used with 81, 91, and 101. The numbers 81 and 91 are hyphenated (*quatre-vingt-un/quatre-vingt-onze*), but 101 is not (*cent un*).

Note: When vingt and *cent* are multiplied, they become plural (*quatre-vingts*; *deux cents*), except if they are followed by another number (*quatre-vingt-un; deux cent un*).

Note: Mille is never plural and it does not use the indefinite article *un* when it means *one thousand*. *Million* and *milliard* are preceded by the indefinite article (*un*) and take *de* if they are followed by a noun. Where English uses a comma in numbers of 1,000 and higher, French uses a space (or a period).

Examples:

1 000 personnes	mille personnes	*one thousand people*
2 000 personnes	deux mille personnes	*two thousand people*
1 000 000 personnes	un million de personnes	*one million people*
2 000 000 personnes	deux millions de personnes	*two million people*

Test Yourself

Exercices: Complétez le tableau suivant.

Number	Spelling	+1	+2
80	quatre-vingts	quatre-vingt-un	quatre-vingt-deux
60			
69			
90			
99			
1 000			
1 240			
1 989			
2 000			
1 000 000			

Exercices: Écrivez les numéros de téléphone suivants en toutes lettres.

Exemple:

le 21.11.92.06
le vingt et un/onze/quatre-vingt-douze/zéro six

1. le 34.26.72.47: _____

    _____

2. le 83.37.11.15: _____

    _____

3. le 71.25.90.20: _____

    _____

4. le 43.51.12.92: _____

    _____

5. le 60.61.51.22: _____

    _____

Exercices: Écrivez les codes postaux (*zip codes*) suivants en toutes lettres.

Exemple:

21000 vingt et un mille

6. 60610: _____

    _____

7. 80250: _____

    _____

8. 75016: _____

    _____

9. 91600: _____

    _____

10. 33310: _____

    _____

Exercices: Lisez les nombres suivants et écrivez-les en chiffres.

Exemple:

quatre-vingt-cinq ⇒ *85*

11. mille trois cent cinquante-deux:_____

12. quatre cent quinze:_____

13. quatre-vingt-douze:_____

14. onze cent quatre-vingt-deux:_____

15. un million sept cent quarante mille sept cent soixante-douze:_____

16. dix-neuf cent soixante-quinze:_____

17. soixante-dix-huit:_____

18. quinze cent cinquante-sept:_____

19. trente et un mille six cent vingt-quatre:
_____

20. vingt-sept mille trois cents:_____

4.1.2 Ordinal numbers. Most ordinal numbers are formed by adding *-ième* to the cardinal number. If the cardinal number ends with an *-e*, the *-e* is dropped before adding *-ième*.

Examples:

huit ⇒ *huitième*
treize ⇒ *treizième*
vingt et un ⇒ *vingt et unième*

Exceptions:

first	un(e) ⇒	*premier/première*
second	deux ⇒	*deuxième* or *second(e)*
fifth	cinq ⇒	*cinquième*
ninth	neuf ⇒	*neuvième*

In titles, the *cardinal* numbers are used, except for *premier/première* (*first*).

Examples:

François *premier* (Ier) / Henri *quatre* (IV)

Note: Unlike English, when cardinal and ordinal numbers are used together in French, the ordinal number follows the cardinal number.

Example:

les deux premiers jours / *the first two days*

Exercices: Complétez les phrases avec le nombre ordinal qui convient.

1. Janvier est le (1) _____ mois de l'année.

2. Février est le (2) _____ mois.

3. Septembre est le (9) _____ mois.

4. Ma (1) _____ voiture était une Ford.

5. Jeudi est le (4) _____ jour de la semaine.

6. Je suis arrivé (51) _____ au marathon de New York.

7. C'est la (5) _____ fois que je te répète la même chose!

8. —À quel étage allez-vous? —Au (13) _____.

9. Je voudrais un billet de (2) _____ classe, s'il vous plaît!

10. Marc habite à Paris dans le (16) _____ arrondissement (*district*).

Exercices: Écrivez les nombres suivants en toutes lettres

11. Napoléon 1er

_____

12. Napoléon III

_____

13. Louis XIV

    _____

14. Louis XVI

    _____

15. Nicolas I

    _____

16. Nicolas II

    _____

17. the first three weeks

    _____

18. the first five days

    _____

4.2 The date

- Les jours de la semaine

lundi	*Monday*
mardi	*Tuesday*
mercredi	*Wednesday*
jeudi	*Thursday*
vendredi	*Friday*
samedi	*Saturday*
dimanche	*Sunday*

Note: In France, the week officially starts on Monday, NOT Sunday. The days of the week are not capitalized, unless they are at the beginning of a sentence.

Example:

Je viendrai mardi.
I'll come on Tuesday.

—Quand viendras-tu? —Mardi.
—*When will you come? —On Tuesday.*

- Les mois de l'année

janvier	*January*	juillet	*July*
février	*February*	août	*August*
mars	*March*	septembre	*September*
avril	*April*	octobre	*October*
mai	*May*	novembre	*November*
juin	*June*	décembre	*December*

Note: Like days of the week, the months of the year are not capitalized. There are several ways to ask for today's date:

Quelle est la date aujourd'hui?
Quel jour est-ce aujourd'hui?
Quel jour sommes-nous aujourd'hui?
What is today's date?

Similarly, there are several ways of answering:

C'est aujourd'hui le samedi neuf septembre.
C'est aujourd'hui samedi, le neuf septembre.
Nous sommes le (samedi) neuf septembre.
Today is Saturday, September 9.

There are two ways to express the years. Compare:

1995: mille neuf cent quatre-vingt-quinze dix-neuf cent quatre-vingt-quinze
Nous sommes le samedi neuf septembre mille neuf cent quatre-vingt-quinze.
Today is Saturday, September 9, 1995.

Note: A few useful phrases.

<u>au mois de</u> janvier / *in the month of January*

<u>en</u> janvier / *in January*

le premier janvier / *January 1, the first of January*

le deux septembre / *September 2*

The day is always expressed first, even when you use numbers.

le 25 décembre 1995   *December 25, 1995*
le 25/12/1995

- Les saisons (seasons):

le printemps	*spring*	l'automne	*fall*
l'été	*summer*	l'hiver	*winter*

All seasons are masculine and use the preposition en, except *le printemps*.

au printemps	*in spring*	en automne	*in fall*
en été	*in summer*	en hiver	*in winter*

Exercices: Quelle est la date? Écrivez les dates suivantes.

Exemple:

C'est le 16/8/92 ⇒ C'est le seize août mille neuf cent quatre-vingt-douze.

1. 9/7/95 _____

   _____

2. 8/1/59 _____

   _____

3. 7/10/60 _____

   _____

4. 1/9/45 _____

   _____

5. 20/3/69 _____

   _____

Exercices: Quelle est la date? Traduisez.

Exemple:

Today is Tuesday, July 7.
Nous sommes le mardi sept juillet.

6. Today is Sunday, December 25._____

   _____

7. April 1, 1997_____

   _____

8. in May_____

9. in spring_____

10. in the month of August_____

   _____

11. Today is Thursday, February 6, 1987._____

   _____

12. in winter_____

13. What is today's date?_____

   _____

14. in summer_____

15. March 15, 1789_____

   _____

4.3 Time To ask what time it is, use the question *Quelle heure est-il?* The answer consists of *Il est...* + a combination of the following:

1:00 a.m.	une heure	1 h
1:00 p.m.	treize heures	13 h
2:00 a.m.	deux heures	2 h
2:00 p.m.	quatorze heures	14 h
12:00 midnight	minuit	24 h (0 h)
12:00 noon	midi	12 h
12:30 a.m.	minuit et demi	0 h 30
12:30 p.m.	midi et demi	12 h 30
3:15 a.m.	trois heures et quart trois heures quinze	3 h 15

3:15 p.m.	quinze heures quinze	15 h 15
7:30 a.m.	sept heures et demie	7 h 30
	sept heures trente	
7:30 p.m.	dix-neuf heures trente	19 h 30
8:20 a.m.	huit heures vingt	8 h 20
8:20 p.m.	vingt heures vingt	20 h 20
8:45 a.m.	neuf heures moins le quart	9 h 45
8:45 p.m.	vingt et une heures quarante-cinq	21 h 45

Note: There are two ways of expressing the half hour and the fifteen minutes before or after the hour.

1 h 15: Il est une heure *et quart.*
             quinze

1 h 30: Il est une heure *et demie.*
             trente

1 h 45: = Il est deux heures *moins le quart.*
             quarante-cinq

Note: The word *demi* agrees with the noun when it follows, and does not agree but is hyphenated when it precedes the noun.

Examples:

midi et dem*i* / *12:30 p.m.*   une heure et dem*ie* / *1:30*
minuit et dem*i* / *12:30 a.m.* deux heures et dem*ie* /
                                    2:30

une demi-heure	*a half hour*
un demi-jour	*a half day*

Note: Official time in French is based on the 24-hour clock.

12:00 noon	12 h	douze heures
12:00 midnight	24 h	vingt-quatre heures
9:50 a.m.	9 h 50	neuf heures cinquante
9:50 p.m.	21 h 50	vingt et une heures cinquante

On the 24-hour clock, only numbers are used to express minutes:

9h 15	official time:	neuf heures quinze
	regular time:	neuf heures et quart
3 h 30 p.m.	official time:	treize heures trente
	regular time:	trois heures et demie

On the regular clock, use *du matin* (between 1:00 and 11:00 a.m.), *de l'après-midi* (between 1:00 and 5:00 p.m.), and *du soir* (between 6:00 and 11:00 p.m.).

Exercices: Quelle heure est-il? Écrivez l'heure en toutes lettres.

Exemple:

It is 3:20 p.m.
Il est trois heures vingt de l'après-midi.

1. It is 1:00 a.m. _____

    _____

2. It is 4:35 p.m. _____

    _____

3. It is 9:30 a.m. _____

    _____

4. It is noon. _____

    _____

5. It is midnight. _____

    _____

6. It is 8:15 p.m. _____

_____

7. It is 12:30 p.m. _____

_____

8. It is 11:25 p.m. _____

_____

9. It is 11:35 p.m.

_____

10. It is 11:35 a.m.

_____

Exercices: *L'heure officielle.* Écrivez l'exercice précedent en temps officiel.

Example:

It is 3:20 p.m. ⇒ *Il est treize heures vingt.*

11. _____

12. _____

13. _____

14. _____

15. _____

16. _____

17. _____

18. _____

19. _____

20. _____

Check Yourself

4.1.1 (Cardinal numbers)

Number	Spelling	+1	+2
80	quatre-vingts	quatre-vingt-un	quatre-vingt-deux
60	soixante	soixante et un	soixante-deux
69	soixante-neuf	soixante-dix	soixante et onze
90	quatre-vingt-dix	quatre-vingt-onze	quatre-vingt-douze
99	quatre-vingt-dix-neuf	cent	cent un
1 000	mille	mille un	mille deux
1 240	mille deux cent quarante	mille deux cent quarante et un	mille deux cent quarante-deux
1 989	mille neuf cent quatre-vingt-neuf	mille neuf cent quatre-vingt-dix	mille neuf cent quatre-vingt-onze
2 000	deux mille	deux mille un	deux mille deux
1 000 000	un million	un million un	un million deux

1. trente-quatre/vingt-six/soixante-douze/quarante-sept 2. quatre-vingt-trois/trente-sept/onze/quinze
3. soixante et onze/vingt-cinq/quatre-vingt-dix/vingt 4. quarante-trois/cinquante et un/douze/ quatre-vingt-douze
5. soixante/soixante et un/cinquante et un/vingt-deux 6. soixante mille six cent dix 7. quatre-vingt mille deux cent cinquante 8. soixante-quinze mille seize 9. quatre-vingt-onze mille six cents 10. trente-trois mille trois cent dix
11. 1 352 12. 415 13. 92 14. 1 182 15. 1 740 772 16. 1 975 17. 78 18. 1 557 19. 31 723 20. 27 300

4.1.2 (Ordinal numbers)

1. premier 2. deuxième 3. neuvième 4. première 5. quatrième 6. cinquante et unième
7. cinquième 8. treizième 9. deuxième/seconde 10. seizième 11. premier 12. trois 13. quatorze
14. seize 15. premier 16. deux 17. les trois premières semaines 18. les cinq premiers jours

4.2 (The date)

1. C'est le neuf juillet mille neuf cent quatre-vingt-quinze. 2. C'est le huit janvier mille neuf cent cinquante-neuf.
3. C'est le sept octobre mille neuf cent soixante. 4. C'est le premier septembre mille neuf cent quarante-cinq.
5. C'est le vingt mars mille neuf cent soixante-neuf. 6. Nous sommes le dimanche vingt-cinq décembre. 7. le premier avril mille neuf cent quatre-vingt-dix-sept 8. en mai 9. au printemps 10. au mois d'août 11. Nous sommes le jeudi six février mille neuf cent quatre- vingt-sept. 12. en hiver 13. Quel jour sommes-nous aujourd'hui? (or: Quelle est la date aujourd'hui?) 14. en été 15. le quinze mars mille sept cent quatre-vingt-neuf

4.3 (Time)

1. Il est une heure du matin. 2. Il est cinq heures moins vingt-cinq de l'après-midi. 3. Il est neuf heures et demie du matin. 4. Il est midi. 5. Il est minuit. 6. Il est huit heures et quart du soir. 7. Il est midi et demie. 8. Il est onze heures vingt-cinq du soir. 9. Il est minuit moins vingt-cinq. 10. Il est midi moins vingt-cinq. 11. Il est une heure. 12. Il est seize heures trente-cinq. 13. Il est neuf heures trente. 14. Il est douze heures. 15. Il est vingt-quatre heures. 16. Il est vingt heures quinze. 17. Il est douze heures trente. 18. Il est vingt-trois heures vingt-cinq. 19. Il est vingt-trois heures trente-cinq. 20. Il est onze heures trente-cinq.

Grade Yourself

Circle the numbers of the questions you missed, then fill in the total incorrect for each topic. If you answered more than three questions incorrectly, you need to focus on that topic. (If a topic has less than three questions and you had at least one wrong, we suggest you study that topic also. Read your textbook, a review book, or ask your teacher for help.)

Subject: Les nombres, la date, l'heure

Topic	Question Numbers	Number Incorrect
Cardinal numbers	**4.1.1:** 1, 2, 3, 4, 5, 6, 7, 8, 9, 10, 11, 12, 13, 14, 15, 16, 17, 18, 19, 20	
Ordinal numbers	**4.1.2:** 1, 2, 3, 4, 5, 6, 7, 8, 9, 10, 11, 12, 13, 14, 15, 16, 17, 18	
The date	**4.2:** 1, 2, 3, 4, 5, 6, 7, 8, 9, 10, 11, 12, 13, 14, 15	
Time	**4.3:** 1, 2, 3, 4, 5, 6, 7, 8, 9, 10, 11, 12, 13, 14, 15, 16, 17, 18, 19, 20	

Les articles et les démonstratifs

5

Brief Yourself

The article

Unlike English nouns, French nouns have a gender: they are either masculine or feminine. While the gender of some nouns can be guessed (male animals and people are masculine; female ones are feminine), it is mostly arbitrary and needs to be learned together with the noun. The forms of the definite article (English *the*) are as follows:

	Singular	Plural
Masculine	*le* le garçon/le tableau	*les* les garçons/les tableaux
Feminine	*la* la fille/la famille	*les* les filles/les familles
Before a vowel or a mute *h*	*l'* l'ami (m.)/ l'hôtel l'amie (f.)/l'humanité	les les amis/les hôtels les amies/les huîtres

Test Yourself

5.1 The definite article

The definite article is used:

• to refer to specific objects.

Example:

Tu peux me donner *le* pain?
Can you pass me the bread?

• to express *general* and *abstract* ideas.

Example:

La patience est une vertu.
Patience is a virtue.

• to express *likes*, *dislikes*, and *preferences*.

Example:

J'aime *les* frites.
I like French fries.

Moi, je préfère *la* purée.
I prefer mashed potatoes.

- with *geographical* names (countries, continents, rivers, lakes, mountains), names of *seasons*, and of *languages*, *titles*, and *academic subjects*.

Examples:

La France est un beau pays.
France is a beautiful country.

*L'*été est ma saison préférée.
Summer is my favorite season.

Le français est une belle langue.
French is a beautiful language.

Le Commandant Cousteau
Commander Cousteau.

Les mathématiques sont difficiles.
Math is hard.

Exercices: Complétez les phrases avec *le*, *la* ou *les*.

Exemple:

Vous comprenez *le* chinois?

1. Vous aimez _____ romans de science-fiction?

2. Elles vivent dans _____ quartier.

3. Tu regardes souvent _____ journal télévisé?

4. Nous ne comprenons pas _____ maths.

5. Vous lisez _____ latin!

6. Paul comprend _____ espagnol.

7. Vous connaissez _____ sœur de Marc?

8. Nous ne parlons pas _____ anglais d'Australie.

9. Vous êtes _____ amis des Dupont?

10. Ils n'apprécient pas _____ musique de Beethoven.

Exercices: Du pluriel au singulier.

Exemple: *les hommes* ⇒ l'homme

11. les femmes: _____

12. les enfants: _____

13. les chiens: _____

14. les films: _____

15. les étudiants: _____

16. les adresses: _____

17. les histoires: _____

18. les lundis: _____

19. les étudiantes: _____

20. les amies: _____

5.1.1 Contractions of the definite article

The definite article contracts with *à* (*to*) and *de* (*from, about, of*) as follows:

+	le	la	l'	les
à	*au* garçon	*à la* dame	*à l'*ami(e)	*aux* enfants
de	*du* garçon	*de la* dame	*de l'*ami(e)	*des* enfants

Exercices: Complétez les phrases suivantes avec la contraction de l'article défini qui convient.

Exemple: Voici la mère *de l'*ami de Jacques.

1. Voici les livres _____ étudiants.

2. Elle va _____ église tous les dimanches.

3. — D'où revenez-vous? — _____ Louvre.

4. L'agent donne une contravention (*ticket*) _____ automobiliste.

5. Nous voulons aller _____ piscine.

6. C'est la nouvelle bibliothèque _____ université.

7. Voici le frère _____ professeur de français.

8. Les enfants vont _____ école.

9. C'est le livre _____ sœur de Paul.

10. Je téléphone _____ médecin.

5.2 The indefinite article

The indefinite article (*un[e]*, *des*) is used to talk about something *not specified* and corresponds to the English *a(n)* and *some*.

	Singular	Plural
Masculine	*un* hôtel	*des* hôtels
Feminine	*une* fille	*des* filles

Note: In French, the indefinite article is omitted when it follows a form of *être* and an unmodified noun referring to nationality, profession, or religion.

Examples:

Elle est méthodiste.
She is a Methodist.

Il est mécanicien.
He is a mechanic.

Je suis américain.
I am an American.

Note: After an absolute negation (i.e., *no amount of*), *un, une, des* becomes *de* or *d'* (before a vowel).

Examples:

J'ai *un* stylo. ⇒ Je n'ai pas *de* stylo.
Tu as lu *des* romans. ⇒ Tu n'as pas lu *de* romans.

Exercices: Remplacez *le*, *la*, et *l'* par *un*, ou *une*.

Exemple:

le professeur: ⇒ *un professeur*

1. l'étudiant: _____
2. l'accident: _____
3. la rue: _____
4. le chien: _____
5. la fille: _____
6. l'infirmière: _____
7. le tableau: _____
8. l'agent: _____
9. le mois: _____
10. le vélo: _____

Exercices: Du pluriel au singulier.

Exemple:

des enfants ⇒ *un enfant*

11. des parents: _____
12. des professeurs: _____
13. des tomates: _____
14. des romans: _____
15. des films: _____

16. des pantalons: _____

17. des bagages: _____

18. des cartes: _____

19. des amies: _____

20. des CDs: _____

Exercices: Complétez les phrases avec l'article qui convient.

Exemple:

Tu a rencontré *la* cousine de Marc?

21. Elle veut manger _____ sandwich.

22. C'est le premier jour _____ printemps.

23. J'ai besoin _____ voiture de Jean.

24. Bertrand a écrit _____ roman.

25. Nous ne connaissons pas _____ quartier où vous habitez.

26. Il écoute toujours _____ radio.

27. Vous aimez _____ jazz?

28. Je travaille dans _____ université américaine.

29. Pierre est _____ ami de longue date.

30. Elle n'aime pas danser _____ rock.

5.3 The partitive article

In French, the partitive article (*some*, *any*) is expressed by *de*, followed by the agreeing definite article (*du, de la, de l', des*). It is used with a noun to indicate part of a whole.

Examples:

Je mange *du* pain.	*I am eating (some) bread.*
Il achète *de la* bière.	*He buys (some) beer.*
Nous buvons *de l'*eau.	*We drink (some) water.*
Veux-tu *des* haricots?	*Do you want some beans?*

Note: When the sentence is negative, the whole partitive is not used. Instead, use *de* without the definite article (sometimes called "the short partitive").

Examples:

— *Tu veux du café?* — Non, merci, je ne veux pas *de* café.

— Do you want (some) coffee? — No, thanks. I do not want (any) coffee.

Exercices: Article partitif ou défini? Répondez aux questions de façon négative.

Exemple:

Tu fais du sport? ⇒ *Non, je ne fais pas de sport.*
Tu aimes le sport? ⇒ *Non, je n'aime pas le sport.*

1. Il envoie des lettres? Non,

   _____

2. Vous voulez un fruit? Non,

   _____

3. Tu as un vélo? Non,

   _____

4. Avez-vous l'heure? Non,

   _____

5. Ils aiment danser le tango? Non,

   _____

6. Tu veux de l'argent? Non,

    _____

7. Elle aime les aventures? Non,

    _____

8. Vous préférez le cinéma? Non,

    _____

9. Tu as les billets? Non,

    _____

10. Il y a un test demain? Non,

    _____

Exercices: Construisez des phrases en associant les colonnes suivantes. (Plusieurs choix sont possibles.)

11.	Tu manges	a.	la radio.
12.	Il n'écrit pas	b.	le fromage.
13.	Elle a besoin	c.	d'argent.
14.	Ils veulent	d.	un film à la télévision.
15.	Nous adorons	e.	les escargots
16.	Je n'ai pas	f.	de la viande.
17.	Il y a	g.	des légumes.
18.	Elles n'aiment pas	h.	de cadeau.
19.	Je ne veux pas	i.	un rendez-vous.
20.	Nous n'écoutons jamais	j.	de lettre à ses parents.

Exercices: Le menu de Jeannette. Mettez une croix dans les cases appropriées.

	du	de la	de l'	des	
Jeannette va manger		X			laitue
					fruits
					petits pois
					melon
					tomates
					soupe
					poulet
					poisson
Elle va boire					eau
					café
					thé
					chocolat chaud
					jus d'orange

5.4 The demonstrative adjective

The forms of the demonstrative adjective (_this_, _that_, _these_, _those_) are the following:

If the noun is:	Singular	Plural
Masculine	_ce_ ce garçon	_ces_ ces garçons
Before a vowel or a mute _h_	_cet_ cet ami/cet hôtel	_ces_ ces amis/ces hôtels
Feminine	_cette_ cette fille	_ces_ ces filles

Note: To establish a clear distinction between _this_ and _that_, the suffix _-ci_ (_this_) or _-là_ (_that_) can be added.

Example:

Je veux _ce_ livre-_ci_, mais pas _ce_ livre-_là_.
I want _this_ book, but not _that_ book.

Exercices: Complétez avec l'adjectif démonstratif (*ce, cet, cette, ces*) qui convient.

1. _____ étudiante

2. _____ photos

3. _____ voitures

4. _____ livre

5. _____ passeport

6. _____ agenda

7. _____ cassette

8. _____ appartement

9. _____ chambre

10. _____ femmes

Exercices: Remplacez les articles soulignés par l'adjectif démonstratif qui convient.

Exemple:
Il mange dans <u>le</u> restaurant du centre. ⇒
Il mange dans <u>ce</u> restaurant du centre.

11. J'aime <u>la</u> chemise qui est dans la vitrine.

_____

12. Qui t'a envoyé <u>les</u> fleurs?

_____

13. J'aime beaucoup <u>le</u> fauteuil en cuir.

_____

14. Regarde <u>l'</u>homme habillé en cowboy!

_____

15. Est-ce que <u>la</u> place est déjà prise?

_____

16. Tu connais <u>les</u> îles entre la France et l'Angleterre?

_____

17. <u>Le</u> café sur les Champs-Élysées est très célèbre à Paris.

_____

18. <u>L'</u>appartement est déjà loué.

_____

19. J'aime beaucoup <u>la</u> cassette de Sting.

_____

20. Vous avez rencontré <u>les</u> voisins?

_____

Exercices: Joignez l'adjectif démonstratif qui convient au reste de la phrase.

Exemple: Ce garçon est très gentil.

21. Ce   a. garçon est très gentil.

           b. escalier est difficile à monter.

           c. appartement vous convient-il?

22. Cet   d. émission est vraiment ennuyeuse.

           e. église est tout à fait splendide!

           f. étudiants sont trop bruyants.

23. Cette   g. voiture ne consomme presque pas d'essence.

           h. tableau est de Raphaël.

24. Ces   i. histoires ne me semblent pas intéressantes.

           j. journalistes voyagent beaucoup.

Exercices: Récrivez les phrases en suivant le modèle.

Exemple:

Je veux le livre. ⇒ *Je veux ce livre-ci, pas ce livre-là.*

25. J'aime le roman.

_____

26. Il a écrit cette nouvelle.

_____

27. Les enfants sont sages.

_____

28. Les tableaux sont beaux.

_____

29. L'église est vieille.

_____

30. Tu veux voir le film.

_____

31. J'achète la voiture.

_____

32. Il boit le thé.

_____

33. Elle déjeune dans le restaurant.

_____

34. Le professeur est intelligent.

_____

 # Check Yourself

5.1 (The definite article)

1. les 2. le 3. le 4. les 5. le 6. l' 7. la 8. l' 9. les 10. la 11. la femme 12. l'enfant 13. le chien 14. le film 15. l'étudiant 16. l'adresse 17. l'histoire 18. le lundi 19. l'étudiante 20. l'amie

5.1.1 (Contraction of the definite article)

1. des 2. à l' 3. du 4. à l' 5. à la 6. de l' 7. du 8. à l' 9. de la 10. au

5.2 (The indefinite article)

1. un étudiant 2. un accident 3. une rue 4. un chien 5. une fille 6. une infirmière 7. un tableau 8. un agent 9. un mois 10. un vélo 11. un parent 12. un professeur 13. une tomate 14. un roman 15. un film 16. un pantalon 17. un bagage 18. une carte 19. une amie 20. un CD 21. un (le) 22. du 23. de la 24. un (le) 25. le 26. la 27. le 28. une (l') 29. un 30. le

5.3 (The partitive article)

1. il n'envoie pas de lettre. 2. je ne veux pas/nous ne voulons pas de fruit. 3. je n'ai pas de vélo. 4. je n'ai pas/nous n'avons pas l'heure. 5. ils n'aiment pas danser le tango. 6. je ne veux pas d'argent. 7. elle n'aime pas les aventures. 8. je ne préfère pas/nous ne préférons pas le cinéma. 9. je n'ai pas les billets. 10. il n'y a pas de test demain. 11. f/g 12. j 13. c/f/g (Note: [h] and [j] would be possible here only in the plural form. For example, "She needs <u>a</u> present" would have to be "Elle a besoin d'<u>un</u> cadeau.") 14. a/b/e/f/g/i 15. a/b/e 16. c/h 17. d/f/g 18. a/b/e 19. c/h 20. a

	du	de la	de l'	des	
Jeannette va manger		X			laitue
				X	fruits
				X	petits pois
	X				melon
				X	tomates
		X			soupe
	X				poulet
	X				poisson
Elle va boire			X		eau
	X				café
	X				thé
	X				chocolat chaud
	X				jus d'orange

5.4 (The demonstrative adjective)

1. cette 2. ces 3. ces 4. ce 5. ce 6. cet 7. cette 8. cet 9. cette 10. ces 11. cette 12. ces 13. ce 14. cet 15. cette 16. ces 17. Ce 18. Cet 19. cette 20. ces 21. a/h 22. b/c 23. d/e/g 24. f/i/j 25. J'aime ce roman-ci, pas ce roman-là. 26. Il a écrit cette nouvelle-ci, pas cette nouvelle-là. 27. Ces enfants-ci sont sages, pas ces enfants-là. 28. Ces tableaux-ci sont beaux, pas ces tableaux-là. 29. Cette église-ci est vieille, pas cette église-là. 30. Tu veux voir ce film-ci, pas ce film-là. 31. J'achète cette voiture-ci, pas cette voiture-là. 32. Il boit ce thé-ci, pas ce thé-là. 33. Elle déjeune dans ce restaurant-ci, pas dans ce restaurant-là. 34. Ce professeur-ci est intelligent, pas ce professeur-là.

Grade Yourself

Circle the numbers of the questions you missed, then fill in the total incorrect for each topic. If you answered more than three questions incorrectly, you need to focus on that topic. (If a topic has less than three questions and you had at least one wrong, we suggest you study that topic also. Read your textbook, a review book, or ask your teacher for help.)

Subject: *Les articles et les démonstratifs*

Topic	Question Numbers	Number Incorrect
The definite article	**5.1:** 1, 2, 3, 4, 5, 6, 7, 8, 9, 10, 11, 12, 13, 14, 15, 16, 17, 18, 19, 20	
Contraction of the definite article	**5.1.1:** 1, 2, 3, 4, 5, 6, 7, 8, 9, 10	
The indefinite article	**5.2:** 1, 2, 3, 4, 5, 6, 7, 8, 9, 10, 11, 12, 13, 14, 15, 16, 17, 18, 19, 20, 21, 22, 23, 24, 25, 26, 27, 28, 29, 30	
The partitive article	**5.3:** 1, 2, 3, 4, 5, 6, 7, 8, 9, 10, 11, 12, 13, 14, 15, 16, 17, 18, 19, 20	
The demonstrative adjective	**5.4:** 1, 2, 3, 4, 5, 6, 7, 8, 9, 10, 11, 12, 13, 14, 15, 16, 17, 18, 19, 20, 21, 22, 23, 24, 25, 26, 27, 28, 29, 30, 31, 32, 33, 34	

L'adjectif qualificatif

6

The "qualifying" adjective is so called because it qualifies (i.e., adds information to) a noun or a pronoun. It agrees in gender (masculine or feminine) and number (singular or plural) with the noun it modifies. This kind of adjective usually follows the noun.

6.1 The forms of adjectives

- *The feminine form*. The feminine of adjectives is formed by adding *-e* to the masculine (except when the adjective already ends in **-e**).

Examples:

Jean est content.
Sarah est content*e*. (*happy*)

Cet enfant est poli.
Cette jeune fille est poli*e*. (*polite*)

Le livre vert est sur la table.
La voiture vert*e* est à Marc. (*green*)

but:

Eric est sympathiqu*e*.
Sophie est sympathiqu*e*. (*nice*)

J'aime le sac roug*e*.
Je préfère la valise roug*e*. (*red*)

However, the feminine of certain adjectives is formed differently.

Masculine ends in	Feminine ends in	Example	Meaning
-c	-che *or*	blanc/ blanche	*white*
	-que	public/ publique	*public*
-el	-elle	personnel/ personnelle	*personal*
-er	-ère	premier/ première	*first*
-et	-ette *or*	muet/ muette	*mute*
	-ète	complet/ complète	*full/complete*
-eux	-euse	généreux/ généreuse	*generous*
-f	-ve	sportif/ sportive	*athletic/sporty*

Masculine ends in	Feminine ends in	Example	Meaning
-il	-ille	gentil/ gentille	*kind*
-n	-nne	mignon/ mignonne	*cute*
-s	-sse	gras/grasse	*fatty*

- *Attention!* Some irregular forms are unpredictable and should be memorized:

Masculine	Feminine	Meaning
Ce livre est **beau**.	Cette cathédrale est **belle**.	*beautiful*
Le Président est **conservateur.**	Sa femme est **conservatrice**.	*conservative*
Ce garçon est **doux**.	Cette fille est **douce**.	*gentle*
Ce que vous dites est **faux**.	Cette réponse est **fausse**.	*wrong/false*
Le pain est **frais**.	La peinture est **fraîche**.	*fresh*
C'est mon film **favori**.	C'est ma scène **favorite**.	*favorite*
Paul est **menteur**.	Juliette est **menteuse**.	*lying*
Cet immeuble est **nouveau**.	Cette rue est **nouvelle**.	*new*
Le pont est **vieux**.	La ville est **vieille**.	*old*

- *The plural forms.* The plural of most adjectives is formed by adding *-s* to the singular form (unless the adjective ends in *-s* or *-x*). Note that even one masculine item among many feminine ones will cause the adjective to take the masculine form.

Examples:

Jean est content.
Jean et Aline sont contents.

Marthe est contente.
Marthe et Marie sont contentes.

Ce vin est mauvais.
Ces films sont mauvais.

La pièce est mauvaise.
Les actrices sont mauvaises.

M. Dupont est heureux.
Les enfants sont heureux.

Lucie est heureuse.
Lucie et son amie sont heureuses.

Irregular forms include:

-eau ⇒ -eaux   nouveau, nouveaux   *new*

-al ⇒ -aux   légal, légaux   *legal*

- *Adjectives with two masculine forms.* The adjectives **beau**, **vieux**, and **nouveau** (*beautiful, old,* and *new*) become **bel**, **vieil**, and **nouvel** when the noun they modify starts with a vowel. They are then pronounced like the feminine form.

masculin	masc. #2	exemple	féminin
beau	**bel**	un bel homme	belle
nouveau	**nouvel**	un nouvel avion	nouvelle
vieux	**vieil**	un vieil immeuble	vieille

Exercises: Barrez la forme qui ne convient pas.

Exemple: Marc, tu es français/française?

1. — Omar, tu es marocain/marocaine?

2. — Non, je suis algérien/algérienne.

3. — Claudine et toi, vous êtes belge/belges?

4. — Non, nous sommes française/françaises.

5. — Luisa, vous êtes italien/italienne?

6. — Non, je suis espagnol/espagnole.

7. — Gertrud et Inge sont suédois/suédoises?

8. — Non, elles sont allemands/allemandes.

9. — Charles, vous êtes anglais/anglaise?

10. — Non, je suis américain/américaine.

Exercises: Ajoutez l'adjectif qui convient.

Exemple:

C'est un _____ bâtiment.
        vieil/vieux/vieille
C'est un *vieux* bâtiment.

11. Elle est très _____.
    gentil/gentille/gentils

12. Vous regardez ce _____
    homme aux yeux bleus? bel/beau/belle

13. Hercule est _____.
    grand/grande/grands

14. Ce _____ immeuble va
    disparaître. vieil/vieille/vieux

15. Le professeur aime les _____
    étudiants. bon/bons/bonnes

16. Elles ne sont pas _____?
    heureux/heureuse/heureuses

17. C'était une _____ pièce!
    bel/beau/belle

18. J'ai reçu mon _____
    ordinateur. nouvel/ nouveau/nouvelle

19. Alain et Marc sont _____?
    français/française/françaises

20. Je suis sûr qu'il est _____.
    heureux/heureuse/heureuses

Exercises: Faites des phrases avec les adjectifs. Attention aux accords!

Exemple:

elle / grand ⇒ *Elle est grande.*

21. elles / heureux

    _____

22. vous / brun

    _____

23. il / méchant

    _____

24. ils / fâché

    _____

25. nous / paresseux

    _____

26. je / blond

    _____

27. tu / triste

    _____

28. Philippe et Hélène / gourmand

    _____

29. Eric et Marc / content

_____

30. Marthe et Henriette / généreux

_____

Exercises: Trouvez le pays ou la nationalité qui manque.

Exemple:

Le Brésil ⇒ *brésilien(ne)*
La Chine ⇐ chinois(e)

31. Le Venezuela ⇒ _____

32. _____ ⇐ canadien(ne)

33. La Belgique ⇒ _____

34. Le Mexique ⇒ _____

35. _____ ⇐ néerlandais(e)

36. La Suède ⇒ _____

37. La Suisse ⇒ _____

38. _____ ⇐ grec(que)

39. Les États-Unis ⇒ _____

40. _____ ⇐ allemand(e)

6.2 The position of adjectives

Most adjectives *follow* the noun they modify.

Examples:

Étienne porte une cravate *verte*.
Steven is wearing a green tie.

Ce sont des photos *magnifiques*.
They are great pictures.

J'ai vu un film *horrible*.
I saw an awful movie.

The following adjectives, however, are placed *before* the noun:

Masculine	Feminine	Meaning
autre	autre	*other*
beau/bel	belle	*beautiful, handsome*
bon	bonne	*good*
court	courte	*short*
grand	grande	*great*
gros	grosse	*big, fat*
jeune	jeune	*young*
joli	jolie	*pretty*
long	longue	*long*
mauvais	mauvaise	*bad*
nouveau/nouvel	nouvelle	*new*
petit	petite	*small, little*
vieux/vieil	vieille	old

Examples:

Luc est un *vieil* ami.
Luke is an old friend.

Il habite un *grand* appartement.
He lives in a large apartment.

C'est une *bonne* idée!
That is a good idea!

A few adjectives can be used either *before* or *after* the noun, in which case the meaning changes slightly.

Adjective	Before the noun	After the noun
ancien(ne)	*former*	*old/ancient*
cher (chère)	*dear/loved*	*expensive*
dernier (dernière)	*last* (in a series)	*last* (before this one)
grand(e)	*great*	*tall*

Adjective	Before the noun	After the noun
pauvre	*unfortunate*	*penniless*
prochain(e)	*next* (in a series)	*next* (after this one)
propre	*own*	*clean*

Examples:

C'est un *pauvre* garçon.
He is an unfortunate kid.

C'est un garçon *pauvre*.
He is a poor kid.

Voici mon *ancien* patron.
Here is my former boss.

C'est une église *ancienne*.
It is an old church.

When an adjective in the *plural* form precedes the noun, *des* is replaced by *de*.

Examples:

	de + adj. + n.	*des* + n. + adj.
des amis ⇒	*de* bons amis	*mais*: *des* amis sympathiques
des maisons ⇒	*de* petites maisons	*mais*: *des* maisons spacieuses.

Exercises: Mettez l'adjectif entre parenthèses à l'endroit qui convient. Attention! Faites l'accord avec le nom!

Exemple:

On passe un film de John Ford à la télé ce soir. (bon)
On passe un *bon* film de John Ford à la télé ce soir.

1. Vous avez des nouvelles de Thomas? (récent)

_____

_____

2. Tu connais cet homme? (vieux)

_____

_____

3. C'est une histoire. (intéressant)

_____

_____

4. Il travaille pour un journal. (allemand)

_____

_____

5. J'adore l'art, et vous? (contemporain)

_____

_____

6. Victor Hugo est un poète français. (grand)

_____

_____

7. Je t'invite dans un restaurant que j'aime beaucoup. (petit)

_____

_____

8. C'est un médecin généraliste. (mauvais)

_____

_____

9. Elle possède une maison à la campagne. (joli)

_____

_____

10. Aline? C'est une fille que j'ai rencontrée l'année dernière. (sympathique)

_____

_____

Exercises: Remettez les phrases dans l'ordre.

Exemple:

grand / ne / Marc / pas / est.
Marc n'est pas grand.

11. une / c'est / discrète / femme.

_____

12. elles / qu' / sont / est-ce / allemandes?

_____

13. connaît / bon / un / il / restaurant.

_____

14. une / avons / belle / nous / du / bébé / vidéo.

_____

15. ne / prêts / êtes / vous / pas.

_____

16. elle / village / habite / charmant / un.

_____

17. là / pas / le / n' / jaune / est / taxi.

_____

18. CD / connais / le / de / Renaud / tu / nouveau?

_____

19. art / Claudine / l' / beaucoup / égyptien / aime.

_____

20. intelligents / des / sont / étudiants / Marc et Claudette.

_____

Exercises: Choisissez l'adjectif qui convient. Attention aux accords!

calme	grand	heureux	intéressant
joli	petit	sympathique	vieux

Exemple:

C'est un _____ musée.
C'est un musée _____.

C'est un *vieux* musée.
C'est un musée *intéressant*.

21. a. C'est une _____ église.
    b. C'est une église _____.

22. a. C'est un _____ enfant.
    b. C'est un enfant _____.

23. a. C'est un _____ livre.
    b. C'est un livre _____.

24. a. C'est un _____ homme.
    b. C'est un homme _____.

25. a. C'est un _____ café.
    b. C'est un café _____.

beau	historique	intelligent	intéressant
jeune	mauvais	ancestral	vieux

26. a. Ce sont de _____ monuments.
    b. Ce sont des monuments _____.

27. a. Ce sont de _____ garçons.
    b. Ce sont des garçons _____.

28. a. Ce sont de _____ habitudes.
    b. Ce sont des habitudes _____.

29. a. Ce sont de _____ moments.
    b. Ce sont des moments _____.

30. a. Ce sont de _____ amis.
    b. Ce sont des amis _____.

Exercises: Faites des phrases avec les éléments donnés. Attention à la place de l'adjectif!

Exemple:

un restaurant / bon / petit ⇒
C'est un bon petit restaurant.

des soldats / héroïques / bons ⇒
Ce sont de bons soldats héroïques.

31. une demoiselle / jeune / charmante

_____

32. des commerçants / petits / sympathiques

_____

33. des maisons / belles / françaises

_____

34. une saga / grande / épique

_____

35. des vêtements / usagés / vieux

_____

36. un poème / romantique / beau

_____

37. des idées / vieilles / républicaines

_____

38. un idéal / bourgeois / grand

_____

39. des vins / bons / rouges

_____

40. un chant / grégorien / joli

_____

Exercises: Placez l'adjectif à la place qui convient, avant ou après le nom souligné, selon le sens de la phrase.

Exemple:

C'est une *voiture*. (*expensive*)
C'est une voiture chère.

41. Mes <u>amis</u>, passons à table! (*dear*)

_____

42. Cette <u>cathédrale</u> est magnifique! (*ancient*)

_____

_____

43. <u>Monsieur Guillaud</u>, vous êtes tout mouillé (*wet*)! (*unfortunate*)

_____

_____

44. Julien? C'est un <u>camarade de classe</u>. (*former*)

_____

_____

45. Je n'ai pas encore lu le <u>roman</u> de Daniel Pennac. (*latest*)

_____

_____

46. Dans cette université, chaque étudiant a son <u>ordinateur</u>. (*own*)

_____

_____

47. Napoléon était un <u>homme</u> du dix-neuvième siècle. (*great*)

_____

_____

48. <u>Vendredi</u>, nous sommes allés au cinéma. (*last*)

_____

_____

49. Ma femme aime les <u>bijoux</u> (*jewels*). (*expensive*)

_____

_____

50. L'hôtesse va nous apporter des <u>serviettes</u>. (*clean*)

_____

_____

Check Yourself

6.1 **(The forms of adjectives)**

1. marocain 2. algérien 3. belges 4. françaises 5. italienne 6. espagnole 7. suédoises 8. allemandes 9. anglais 10. américain 11. gentille 12. bel 13. grand 14. vieil 15. bons 16. heureuses 17. belle 18. nouvel 19. français 20. heureux 21. Elles sont heureuses. 22. Vous êtes brun/bruns/brune/brunes. 23. Il est méchant. 24. Ils sont fâchés. 25. Nous sommes paresseux/paresseuses. 26. Je suis blond(e). 27. Tu es triste. 28. Philippe et Hélène sont gourmands. 29. Eric et Marc sont contents. 30. Marthe et Henriette sont généreuses. 31. vénézuélien(ne) 32. Le Canada 33. belge 34. mexicain(e) 35. Les Pays-Bas 36. suédois(e) 37. suisse 38. La Grèce 39. américain(e) 40. L'Allemagne

6.2 **(The position of adjectives)**

1. Vous avez des nouvelles récentes de Thomas? 2. Tu connais ce vieil homme? 3. C'est une histoire intéressante. 4. Il travaille pour un journal allemand. 5. J'adore l'art contemporain, et vous? 6. Victor Hugo est un grand poète français. 7. Je t'invite dans un petit restaurant que j'aime beaucoup. 8. C'est un mauvais médecin généraliste. 9. Elle possède une jolie maison à la campagne. 10. Aline? C'est une fille sympathique que j'ai rencontrée l'année dernière. 11. C'est une femme discrète. 12. Est-ce qu'elles sont allemandes? 13. Il connaît un bon restaurant. 14. Nous avons une belle vidéo du bébé. 15. Vous n'êtes pas prêts. 16. Elle habite un village charmant. 17. Le taxi jaune n'est pas là. 18. Tu connais le nouveau CD de Renaud? 19. Claudine aime beaucoup l'art égyptien. 20. Marc et Claudette sont des étudiants intelligents. 21a. grande/jolie/petite/vieille b. calme/intéressante/sympathique 22a. grand/joli/petit b. calme/heureux/intéressant/sympathique 23a. grand/joli/petit/vieux b. intéressant 24a. grand/petit/vieil b. calme/heureux/intéressant/sympathique 25a. grand/joli/petit/vieux b. calme/intéressant/sympathique 26a. beaux/vieux b. historiques/intéressants/ancestraux 27a. beaux/jeunes/mauvais/vieux b. intelligents/intéressants 28a. belles/mauvaises/vieilles b. historiques/intelligentes/intéressantes/ancestrales 29a. beaux/mauvais b. historiques/intéressants 30a. beaux/jeunes/mauvais/vieux b. historiques/intelligents/intéressants 31. C'est une jeune demoiselle charmante. 32. Ce sont de petits commerçants sympathiques. 33. Ce sont de belles maisons françaises. 34. C'est une grande saga épique. 35. Ce sont de vieux vêtements usagés. 36. C'est un beau poème romantique. 37. Ce sont de vieilles idées républicaines. 38. C'est un grand idéal bourgeois. 39. Ce sont de bons vins rouges. 40. C'est un joli chant grégorien 41. Mes chers amis, passons à table! 42. Cette cathédrale ancienne est magnifique! 43. Pauvre Monsieur Guillaud, vous êtes tout mouillé! 44. Julien? C'est un ancien camarade de classe. 45. Je n'ai pas encore lu le dernier roman de Daniel Pennac. 46. Dans cette université, chaque étudiant a son propre ordinateur. 47. Napoléon était un grand homme du dix-neuvième siècle. 48. Vendredi dernier, nous sommes allés au cinéma. 49. Ma femme aime les bijoux chers. 50. L'hôtesse va nous apporter des serviettes propres.

Grade Yourself

Circle the numbers of the questions you missed, then fill in the total incorrect for each topic. If you answered more than three questions incorrectly, you need to focus on that topic. (If a topic has less than three questions and you had at least one wrong, we suggest you study that topic also. Read your textbook, a review book, or ask your teacher for help.)

Subject: L'adjectif qualificatif

Topic	Question Numbers	Number Incorrect
The forms of adjectives	**6.1:** 1, 2, 3, 4, 5, 6, 7, 8, 9, 10, 11, 12, 13, 14, 15, 16, 17, 18, 19, 20, 21, 22, 23, 24, 25, 26, 27, 28, 29, 30, 31, 32, 33, 34, 35, 36, 37, 38, 39, 40	
The position of adjectives	**6.2:** 1, 2, 3, 4, 5, 6, 7, 8, 9, 10, 11, 12, 13, 14, 15, 16, 17, 18, 19, 20, 21, 22, 23, 24, 25, 26, 27, 28, 29, 30, 31, 32, 33, 34, 35, 36, 37, 38, 39, 40, 41, 42, 43, 44, 45, 46, 47, 48, 49, 50	

Les adverbes

Brief Yourself

7.1 Adverbs

Adverbs are words that describe either a verb, an adjective, or another adverb. There are several categories of adverbs:

Adverbs of time answer the question *when?*

Adverbs of location answer the question *where?*

Adverbs of manner answer the question *how?*

Adverbs of quantity answer the question *how much?/how many?*
Examples:

> Cet enfant marche **lentement.**
> *This child walks **slowly**.*

> Paul est **très** grand.
> *Paul is **very** tall.*

> Vous travaillez **extrêmement** vite.
> *You work **extremely** fast.*

> Jean-Marc partira **demain**.
> *Jean-Marc will leave **tomorrow**.*

> Je suis **là**!
> *I am **here**!*

> Ils bavardent **tranquillement**.
> *They chat **quietly**.*

> Martin aime **beaucoup** ce film.
> *Martin likes this movie **a lot**.*

> Ce manteau est **trop** grand.
> *This coat is **too** big.*

Note 1: Unlike French adjectives, adverbs in English are *invariable—that is, they do not* agree with the gender (masculine or feminine) or number (singular or plural) of the word they modify.

Note 2: The difference between *très* and *beaucoup* is that *beaucoup* modifies verbs only (*beaucoup de* is the adverb modifying nouns), while *très* modifies adjectives and adverbs only. Compare:

Marc *admire beaucoup* le courage.
Mark admires courage a lot.

Marc a *beaucoup de* courage.
Mark has a lot of courage.

Marc est *très courageux.*
Mark is very courageous.

Marc est venu *très souvent.*
Mark came very often.

Here is a partial list of commonly used adverbs:

Function	Adverb	English equivalent
manner	bien	*well*
	mal	*badly, poorly*
	lentement	*slowly*
quantity	beaucoup	*a lot*
	trop	*too much/many*
	assez	*enough*
	tout	*all*
intensity	très	*very*
	tellement	*so*
time	aujourd'hui	*today*
	demain	*tomorrow*
	souvent	*often*
	toujours	*always*
location	devant	*in front*
	derrière	*behind*
	près	*near*
	loin	*far*
	ici	*here*
	là	*here/there*
adverbial phrases	par hasard	*by chance*
	tout de suite	*right away*
	en même temps	*at the same time*

7.2 Formation of adverbs

As the chart above indicates, many adverbs have an autonomous formation. Many adverbs indicating *manner*, however, can be derived from a corresponding adjective. They are formed by adding **-ment** to the end of the feminine form of the adjective (a phenomenon similar to the suffix *-ly* in English: *slow* ⇒ slow*ly*).

If the adjective ends with a consonant, the adjective is formed as follows: adjective + *e* + **ment**.

Examples:

clair	clai**re**	claire**ment** (*clearly*)
lent	len**te**	lente**ment** (*slowly*)
premier	premi**ère**	première**ment** (*first*)

If the adjective ends with a vowel, the pattern is adjective + **ment**.

Examples:

rapide	rapide**ment** (*fast, quickly*)
facile	facile**ment** (*easily*)
vrai	vrai**ment** (*really*)
poli	poli**ment** (*politely*)

If the adjective ends in *-ent* or in *-ant*, the pattern is:

-ent ⇒ *-emment*

-ant ⇒ *-amment*

Examples:

réc*ent*	réc**emment** (*recently*)
fréqu*ent*	fréqu**emment** (*frequently*)
puiss*ant*	puiss**amment** (*powerfully*)
const*ant*	const**amment** (*constantly*)

Exceptions:

gentil	genti**ment** (*nicely, kindly*)
lent	lente**ment** (*slowly*)
bref	bri**èvement** (*briefly*)
bon	**bien** (*well*)
meilleur	**mieux** (*better*)
mauvais	**mal** (*badly*)

Test Yourself

Exercices: Soulignez les adverbes et donnez les adjectifs correspondants.

Exemple:

excellent déguisement <u>utilement</u> utile

1. événement intelligemment médicament

   _____

2. ardemment sentiment déguisement

   _____

3. sérieusement gouvernement accident

   _____

4. déménagement joliment renseignement

   _____

5. sentiment rapidement campement

   _____

6. enlèvement bâtiment nouvellement

   _____

7. commencement gratuitement dent

   _____

8. développement soulèvement simplement

   _____

9. excellent agréablement parlent

   _____

10. argent équipement lentement

    _____

Exercices: Quel est l'adverbe? Écrivez l'adverbe qui correspond à l'adjectif donné.

Exemple:

général ⇒ *généralement*

11. doux: _____

12. joli: _____

13. complet: _____

14. certain: _____

15. réel: _____

16. grave: _____

17. heureux: _____

18. vrai: _____

19. rapide: _____

20. gentil: _____

Exercices: Une autre façon de le dire: faites des phrases en changeant l'adjectif souligné en l'adverbe correspondant.

Exemple:

Ils sont <u>patients</u>; ils nous ont attendus *patiemment*.

21. Marc trouve ce travail <u>difficile</u>; il le fera

    _____.

22. C'est <u>rare</u> qu'il soit malade; il est

    _____ malade.

23. Elle est très <u>douce</u>; elle lui parle

    _____.

24. Tu es <u>sûr</u> que Jacques est arrivé? Jacques est

    _____ arrivé.

25. C'est <u>étrange</u> que les enfants soient si calmes; je les trouve _____ calmes.

26. Il est <u>évident</u> que tu es le meilleur! Tu es le meilleur, _____.

27. Je trouve <u>malheureux</u> que tout le monde soit déjà parti. Tout le monde est déjà parti, _____.

28. Martine est trop <u>lente</u>; elle travaille trop _____.

29. Soyons <u>discrets</u> et partons! Je veux partir _____.

30. Nicolas est toujours très <u>sage</u>; il joue _____.

Exercices: Choisissez l'adverbe qui convient le mieux et complétez la phrase.

bien   mal   souvent   toujours   vite

31. Cet étudiant sérieux fait _____ ses devoirs.

32. Ce chauffeur professionnel conduit _____ sa voiture.

33. Cet agent de police porte _____ son uniforme.

34. Ce plombier adroit fait _____ son travail.

35. Cette hôtesse de l'air fait _____ des voyages internationaux.

36. Malgré (*In spite of*) tous ses efforts, ce garçon travaille _____.

Exercices: Adverbe ou adjectif? Choisissez entre *bon, bien, mieux* ou *meilleur,* selon le besoin. Attention, plusieurs réponses sont parfois possibles!

Exemple:

Il pleut beaucoup; Jacqueline a besoin d'un *bon* parapluie.

37. Bonjour, monsieur! Vous allez _____?

38. Vous aimez le vin? — Oui, il est très _____.

39. Les jumeaux sont très différents: Alain aime _____ jouer au tennis mais Paul aime _____ jouer au foot (*soccer*).

40. Michel Sardou? C'est le _____ chanteur du monde!

41. Tu as mal à la tête? Prends un aspirine, ça ira _____.

42. Cet étudiant travaille très vite et très _____.

43. J'ai appris que vous avez eu la grippe, vous allez _____?

44. Pour moi, la _____ heure pour un bon bain est 8 heures du soir.

45. C'est une très _____ étudiante, mais sa sœur est encore _____.

46. J'ai eu de _____ notes cette année que l'année dernière.

Exercices: Très ou *beaucoup?* Complétez.

Exemple:

Elle a *très* soif mais elle a déjà *beaucoup* bu.

47. Je suis _____ heureux de faire votre connaissance!

48. Le petit Nicolas s'intéresse _____ à la technologie.

49. Si vous saviez comment je souffre! Je suis _____ malheureuse.

50. Pendant les vacances, je suis _____ allé à la plage.

51. Est-ce que vous avez _____ faim?

52. J'aime _____ les frites, mais elles font grossir.

53. Il est _____ triste à l'idée de partir demain.

54. Elle a _____ de patience avec les enfants.

55. C'est une _____ bonne idée! Allons-y!

56. Il travaille _____ bien, mais lentement.

7.3 Position of adverbs

- When the adverb modifies an adjective or another adverb, it always precedes the word it modifies.

Examples:

Marthe est *très* gentille.
Martha is very kind.

Elle habitait *trop* loin.
She lived too far away.

- When the adverb bears on the whole sentence (expressing location, time, or opinion), its placement varies.

Examples:

Demain, j'irai au marché.
J'irai au marché *demain*.
Tomorrow, I will go to the market.

Heureusement, l'accident n'était pas grave.
L'accident, *heureusement*, n'était pas grave.

L'accident n'était *heureusement* pas grave.
L'accident n'était pas grave, *heureusement*.
Fortunately, the accident wasn't serious.

- When the adverb modifies a verb, it is located *after* the verb, in case of simple tenses (present, future, and imperfect).

Examples:

Anne chante *bien*.
Ann sings well.

Julien mangeait *énormément*.
Julian ate/used to eat enormously.

- Most of the time, the adverb falls *between the auxiliary and the past participle* in compound tenses (*passé composé, plus-que-parfait, futur antérieur*, etc.).

Examples:

Luc a *beaucoup* souffert.
Luke suffered a lot.

Hélène avait *bien* compris la leçon.
Helen had understood the lesson well.

However, when the adverb is long, it can be placed *after the past participle*.

Example:

Il a trouvé *facilement* la route.
He found his way easily.

Adverbs of location are *always located after the past participle*:

Examples:

Nous avons cherché les clés *ailleurs*.
We looked for the keys elsewhere.

Ils sont allés *partout*.
They went everywhere.

Exercices: Placez les adverbes entre parenthèses dans la phrase.

Exemple:

J'ai vu ce film. (déjà) ⇒ J'ai *déjà* vu ce film.

1. Le café est sucré? (assez)

_____

2. Il a aimé l'exposition Monet. (beaucoup)

_____

3. Tu as fini? (déjà)

_____

4. Marc et Antoine ne sont pas partis. (encore)

_____

5. Elle est sensible. (extrêmement)

_____

6. Nous avons visité le Grand Canyon. (longuement)

_____

7. Est-ce que vos enfants sont malades? (souvent)

_____

8. Vous avez raison. (sûrement)

_____

9. Ils se sont couchés tôt. (très)

_____

10. Elles étaient fatiguées. (trop)

_____

Exercices: Retrouvez les oppositions et faites des phrases.

Exemple:

D'habitude je ne travaille pas le weekend, mais *quelquefois* c'est nécessaire.

11. Il travaille beau-   a. mais mal l'italien.
    coup...,

12. Eric étudie avec   b. mais d'habitude,
    peu d'enthousi-   c'est plein!
    asme...,

13. Nous parlons bien   c. mais cette fois, c'est
    le français...,   la catastrophe!

14. Ils ne connaissent   d. mais rarement en
    pas encore   autobus.
    Étienne...,

15. En général, ils réus- e. mais le changement
    sissent à leurs ex-   nous fera
    amens...,   probablement le
                             plus grand bien.

16. Nous voyageons   f. mais nous les voyons
    souvent en train...,   souvent.

17. Le vendredi je vais   g. mais ont déjà
    souvent au café...,   rencontré son frère.

18. Il va sûrement pleu-   h. mais dort très peu.
    voir en Bretagne...,

19. Nous avons peu   i. mais rarement seul.
    d'amis...,

10. Actuellement il y a   j. mais joue avec
    peu de clients...,   beaucoup d'entrain
                             (*zest*).

Exercices: Remettez les phrases dans l'ordre.

21. la / travaillé / toute / j'ai / bureau / au / journée.

_____

22. allez- / d'habitude / vous / comment / là-bas / ?

_____

23. dans / sont / McDonald's / installés / partout / le monde / les.

_____

24. dans / la / n'est / garage / le / ? / pas / voiture

_____

25. mes / rencontre / je / partout / amis.

_____

26. vais / les / je / là-bas / voir.

   _____

27. faites / ! / n'importe quoi / pas / ne

   _____

28. a / des / pourquoi / il / ? / y / partout / -t- /
   fourmis

   _____

   _____

29. les / n' / regarder / hésite / d'horreur / films /
   Marc / à / jamais.

   _____

   _____

30. chaud / fait / il / très / ce / sauna / dans.

   _____

Exercices: Répondez aux questions suivantes avec un
adverbe de temps comme *aujourd'hui, d'abord, déjà,
encore, ensuite, finalement, hier, jamais, quelquefois,
rarement, souvent, tard, tôt, toujours.*

Exemple:

Avez-vous déjà fait du parachutisme?
Non, je n'ai pas encore fait de parachutisme.

31. Avez-vous déjà mangé du brie (*variety of
   French cheese*)?

   _____

32. Avez-vous déjà trouvé de l'argent sur le trottoir
   (*sidewalk*)?

   _____

33. Vous connaissez la France?

   _____

34. Êtes-vous optimiste?

   _____

35. Vous êtes-vous couché(e) tôt hier soir?

   _____

36. Allez-vous souvent au cinéma?

   _____

37. Fumez-vous le cigare?

   _____

38. Aimez-vous regarder la télévision?

   _____

39. Avez-vous déjà participé à un jeu de bingo?

   _____

40. Faites-vous souvent des promenades seul(e)?

   _____

Check Yourself

7.2 (Formation of adverbs)

1. intelligemment, intelligent 2. ardemment, ardent 3. sérieusement, sérieux 4. joliment, joli
5. rapidement, rapide 6. nouvellement, nouveau 7. gratuitement, gratuit 8. simplement, simple
9. agréablement, agréable 10. lentement, lent 11. doucement 12. joliment* 13. complètement
14. certainement 15. réellement 16. gravement 17. heureusement 18. vraiment* 19. rapidement
20. gentiment** 21. difficilement 22. rarement 23. doucement 24. sûrement 25. étrangement
26. évidemment 27. malheureusement 28. lentement 29. discrètement 30. sagement 31. bien/toujours
32. bien/vite 33. bien/mal/toujours 34. bien 35. souvent/toujours 36. mal 37. bien/mieux 38. bon
39. bien, mieux 40. meilleur 41. mieux 42. bien 43. mieux 44. meilleure 45. bonne, meilleure
46. meilleures 47. très 48. beaucoup 49. très 50. beaucoup 51. très 52. beaucoup 53. très
54. beaucoup 55. très 56. très

*Careful! Adjectives ending with a vowel in the singular *do not* add an *-e* in the formation of the adverb

**gentil* is an exception: it does not form its corresponding adverb regularly.

7.3 (Position of adverbs)

1. Le café est assez sucré? 2. Il a beaucoup aimé l'exposition Monet. 3. Tu as déjà fini? 4. Marc et Antoine ne sont pas encore partis. 5. Elle est extrêmement sensible. 6. Nous avons longuement visité le Grand Canyon. 7. Est-ce que vos enfants sont souvent malades? 8. Vous avez sûrement raison. 9. Ils se sont couchés très tôt. 10. Elles étaient trop fatiguées. 11. h 12. j 13. a 14. g 15. c 16. d 17. i 18. e 19. f 20. b 21. J'ai travaillé toute la journée au bureau. 22. Comment allez-vous là-bas d'habitude? 23. Les McDonald's sont installés partout dans le monde. 24. La voiture n'est pas dans le garage? 25. Je rencontre mes amis partout. 26. Je vais les voir là-bas. 27. Ne faites pas n'importe quoi! 28. Pourquoi y a-t-il des fourmis partout? 29. Marc n'hésite jaimais à regarder les films d'horreur. 30. Il fait très chaud dans ce sauna. **Réponses possibles:** 31. Non, je n'en ai pas encore mangé. 32. Oui, mais cela m'arrive rarement. 33. Non, je ne l'ai jamais visitée. 34. Oui, je suis souvent optimiste. 35. Non, je me suis couché tard. 36. Non, je vais rarement au cinéma. 37. Non, je ne fume jamais le cigare. 38. Oui, j'aime regarder la télévision de temps en temps (*from time to time*). 39. Oui, j'ai participé à un jeu de bingo hier. 40. Non, je ne fais jamais de promenades seul.

Grade Yourself

Circle the numbers of the questions you missed, then fill in the total incorrect for each topic. If you answered more than three questions incorrectly, you need to focus on that topic. (If a topic has less than three questions and you had at least one wrong, we suggest you study that topic also. Read your textbook, a review book, or ask your teacher for help.)

Subject: *Les adverbes*

Topic	Question Numbers	Number Incorrect
Formation of adverbs	**7.2:** 1, 2, 3, 4, 5, 6, 7, 8, 9, 10, 11, 12, 13, 14, 15, 16, 17, 18, 19, 20, 21, 22, 23, 24, 25, 26, 27, 28, 29, 30, 31, 32, 33, 34, 35, 36, 37, 38, 39, 40, 41, 42, 43, 44, 45, 46, 47, 48, 49, 50, 51, 52, 53, 54, 55, 56	
Position of adverbs	**7.3:** 1, 2, 3, 4, 5, 6, 7, 8, 9, 10, 11, 12, 13, 14, 15, 16, 17, 18, 19, 20, 21, 22, 23, 24, 25, 26, 27, 28, 29, 30, 31, 32, 33, 34, 35, 36, 37, 38, 39, 40	

Le futur et
le conditionnel

8

Brief Yourself

Besides the present indicative, which can take on a future meaning in French as in English (e.g., *I leave for France tomorrow*), three tenses can express the future: the near future (like the English *to be going to*), the simple future (*shall/will*), and the future perfect (*shall have/will have*). All future tenses belong to the indicative mood (for a brief explanation of mood, see chapter 10), because they indicate a real—but future—action.

The conditional is a mood in itself, separate from the indicative. It is the mood of hypothesis (e.g., *If I were a rich man, I would . . ./If I had been rich, I would have . . .*). The reason for it to be handled together with the future is that both tenses have very similar regular as well as irregular forms (see chart in 8.2.2). While formal differences between simple future and present conditional are minimal, their respective meanings are quite far apart, so you have to be very careful.

Test Yourself

8.1 The near future

The immediate future (*le futur proche*) can be expressed by the verb *aller* followed by an infinitive, which is an equivalent of the English *to be going to*.

Examples:

Je *vais* manger.
I am going to eat.

Nous *allons faire* la vaisselle.
We are going to do the dishes.

Allez-vous aller au cinéma?
Are you going to go to the movies?

Exercices: Qu'est-ce qu'on va faire? Marc et ses amis vont faire des activités différentes avant d'aller au cinéma ensemble. Complétez les phrases suivantes avec la forme correcte du verbe *aller*.

Exemple:

Justin *va* travailler pour son père.

1. Jacques et Julien _____
   étudier à la bibliothèque.

2. Ursula _____ aller chez
   le coiffeur.

3. Monique et moi, nous _____
   manger chez Jean.

4. Luc et Fabienne _____
   faire leurs devoirs de maths.

5. Et vous? Qu'est-ce que vous _____
   faire?

6. Nous _____ préparer le repas de ce soir.

7. Armand, tu _____ nous aider?

8. Non, je _____ faire du vélo avec le Racing Club.

9. À quelle heure est-ce que nous _____ nous retrouver?

10. Le film _____ commencer à sept heures. Rendez-vous à six heures?

Exercices: Récrivez les phrases suivantes au *futur proche*, en utilisant une forme du verbe *aller*.

Exemple:

Nous *faisons* du ski. ⇒ Nous *allons faire* du ski.

11. Marc téléphone à Alain._____

_____

12. Anne ct Juliette regardent la télé._____

_____

13. Nous obéissons à nos professeurs._____

_____

14. Tu descends en ville._____

_____

15. Jacqueline et toi, vous allez au marché._____

_____

16. Mon père achète une voiture._____

_____

17. Suzanne et Jean font le ménage._____

_____

18. Je finis mes devoirs._____

_____

19. Mon frère parle à ses amis._____

_____

20. Aline étudie pour son examen._____

_____

Exercices: Bonne et heureuse année! C'est le Nouvel An et votre famille décide de prendre des résolutions. Écrivez les phrases suivantes.

Exemple:

Je / faire du sport / tous les jours.
Je vais faire du sport tous les jours.

21. Mon père / repeindre la maison / au printemps.

_____

_____

22. Ma mère / boire / moins de café.

_____

_____

23. Mes frères et moi / se disputer / moins souvent.

_____

_____

24. Nicolas et toi, / lire / un livre par mois.

_____

_____

25. Vous deux, / faire de la gymnastique / trois fois par semaine.

_____

_____

26. Béatrice et Julie / passer / moins de temps au téléphone.

_____

_____

27. Toute la famille / dîner ensemble / tous les soirs.

_____

_____

28. Papa, tu / arrêter / de fumer.

_____

_____

29. Marc / écrire / à Grand-mère / plus souvent.

_____

_____

30. Papa et Maman, vous / aller / au cinéma / une fois par semaine.

_____

_____

8.2 The future

The future is formed by adding the endings of the verb *avoir* (*-ai, -as, -a, -ons, -ez, -ont*) to the infinitive. In *-re* verbs, the final *-e* is dropped before the ending is added.

parler		*finir*		*attendre*	
I will speak		*I will finish*		*I will wait*	
je	parler**ai**	je	finir**ai**	j'	attendr**ai**
tu	parler**as**	tu	finir**as**	tu	attendr**as**
il elle on	parler**a**	il elle on	finir**a**	il elle on	attendr**a**
nous	parler**ons**	nous	finir**ons**	nous	attendr**ons**
vous	parler**ez**	vous	finir**ez**	vous	attendr**ez**
ils elles	parler**ont**	ils elles	finir**ont**	ils elles	attendr**ont**

Exercices: Quelles vacances! Un groupe d'amis décide d'aller en vacances ensemble. Écrivez leurs projets au futur.

Exemple:

Nous _____ de la pizza tous les jours. (manger)
Nous *mangerons* de la pizza tous les jours.

1. Nous ne _____ pas beaucoup. (travailler)

2. Tout le monde _____ part au travail. (prendre)

3. Mes fils _____ de bons repas. (préparer)

4. Anne et Paul _____ les tentes. (monter)

5. Toi, Jules, tu _____ au professeur de français. (écrire)

6. Alain et Marc _____ prudemment. (conduire)

7. Étienne _____ la carte routière (*road map*). (lire)

8. Le conducteur (*driver*) _____ ses indications. (suivre)

9. On s' _____ quand on sera fatigué. (s'arrêter)

10. Nous _____ très tard le soir. (se coucher)

Exercices: *Si je gagne au loto...* Mettez les phrases suivantes au futur.

Exemple:

Nous *allons manger* au restaurant tous les soirs.
*Nous **mangerons** au restaurant tous les soirs.*

11. Je vais abandonner mes études.

   _____

12. Mes parents et moi, nous allons prendre des vacances à Tahiti.

   _____

13. Nous allons voyager en hélicoptère.

   _____

14. Toi, Lucienne, tu vas suivre des cours de danse classique.

   _____

   _____

15. Paul et Arnaud vont étudier le piano au conservatoire.

   _____

   _____

16. Vous allez passer deux mois à Paris parce que vous aimez la France.

   _____

   _____

17. Je vais me réveiller tard tous les matins.

   _____

18. Toute la famille va monter à cheval.

   _____

19. Nous allons apprendre à faire de la voile (*sailing*).

   _____

20. Vous allez aimer votre nouvelle vie!

   _____

8.2.1 Stem-changing verbs. Some *-er* ending verbs use the third person singular of the present tense rather than the infinitive of the verb to form the future tense.

Examples:

Infinitive	Present (*il* form)	Future
ach<u>e</u>ter	[il] ach<u>è</u>te	j'ach<u>è</u>terai, nous ach<u>è</u>terons
appe<u>l</u>er	[il] appe<u>ll</u>e	j'appe<u>ll</u>erai, nous appe<u>ll</u>erons
emplo<u>y</u>er	[il] emplo<u>i</u>e	j'emplo<u>i</u>erai, nous emplo<u>i</u>erons
essu<u>y</u>er	[il] essu<u>i</u>e	j'essu<u>i</u>erai, nous essu<u>i</u>erons
je<u>t</u>er	[il] je<u>tt</u>e	je je<u>tt</u>erai, nous je<u>tt</u>erons
(se) l<u>e</u>ver	[il] (se) l<u>è</u>ve	je (me) l<u>è</u>verai, nous (nous) l<u>è</u>verons
But be careful with the following:		
esp<u>é</u>rer	[il] esp<u>è</u>re	j'esp<u>é</u>rerai, nous esp<u>é</u>rerons
préf<u>é</u>rer	[il] préf<u>è</u>re	je préf<u>é</u>rerai, nous préf<u>é</u>rerons

Exercices: Mettez les verbes au futur.

Exemple:

Nous nous *levons* de bonne heure.
Nous nous *lèverons* de bonne heure.

1. Vous nettoyez votre chambre.

    _____

2. Il essaie de faire ses devoirs.

    _____

3. Tu lèves le doigt pour répondre.

    _____

4. Paul et Luc jettent leurs stylos.

    _____

5. Nous achetons nos livres.

    _____

6. Elle appelle son amie pour jouer.

    _____

7. Elles emmènent les enfants au parc.

    _____

8. Vous essayez cette robe noire.

    _____

9. J'essuie (*to wipe*) la table.

    _____

10. Nous payons l'addition (*the bill*).

    _____

8.2.2 Verbs with irregular future stems

Some verbs have completely irregular stem forms. However, the ending of the future always remains the same:

infinitive	stem	future	conditional
aller (*to go*)	ir-	j'**irai**	j'**irais**
être (*to be*)	ser-	je **serai**	je **serais**
faire (*to do, make*)	fer-	je **ferai**	je **ferais**
avoir (*to have*)	aur-	j'**aurai**	j'**aurais**
savoir (*to know*)	saur-	je **saurai**	je **saurais**
devoir (*to have to*)	devr-	je **devrai**	je **devrais**

infinitive	stem	future	conditional
recevoir (*to receive*)	recevr-	je **recevrai**	je **recevrais**
tenir (*to hold*) *	tiendr-	je **tiendrai**	je **tiendrais**
venir (*to come*) *	viendr-	je **viendrai**	je **viendrais**
vouloir (*to want*)	voudr-	je **voudrai**	je **voudrais**
courir (*to run*)	courr-	je **courrai**	je **courrais**
mourir (*to die*)	mourr-	je **mourrai**	je **mourrais**
envoyer (*to send*)	enverr-	j'**enverrai**	j'**enverrais**
pouvoir (*to be able*)	pourr-	je **pourrai**	je **pourrais**
voir (*to see*)	verr-	je **verrai**	je **verrais**
* and its derivatives			

Examples:

Après ses études, Paul *ira* au Québec.
After college, Paul will go to Quebec.

Ensuite, il fera un long voyage en Gaspésie.
Afterward, he will take a long trip in the Gaspé Peninsula.

Note: The following impersonal expressions also have irregular endings:

infinitive	present	future
pleuvoir (*to rain*)	il pleut	il *pleuvra*
falloir (*to be necessary*)	il faut	il *faudra*
valoir mieux (*to be better*)	il vaut mieux	il vaudra mieux

Exercices: Identifiez l'infinitif du verbe au futur.

Exemple:

J'*irai* à Québec. ⇒ *aller*

1. Je verrai le vieux quartier.

_____

2. Elle achètera un journal canadien.

_____

3. Tu te lèveras tard.

_____

4. Il enverra des cartes postales à ses amis.

_____

5. Je me promènerai près du Saint-Laurent.

_____

6. Tu feras du jogging.

_____

7. Il n'ira pas au restaurant.

_____

8. Elle utilisera un parapluie.

_____

9. Tu pourras parler français.

_____

10. J'aurai envie de rester au Canada.

_____

Exercices: Du singulier au pluriel.

Exemple:

J'*irai* à Québec. ⇒ Nous *irons* à Québec.

11. Je verrai le vieux quartier.

_____

12. Elle achètera un journal canadien.

_____

13. Tu te lèveras tard.

_____

14. Il enverra des cartes postales à ses amis.

_____

15. Je me promènerai près du Saint Laurent.

_____

16. Tu feras du jogging.

_____

17. Il n'ira pas au restaurant.

_____

18. Elle utilisera un parapluie.

_____

19. Tu pourras parler français.

_____

20. J'aurai envie de rester au Canada.

_____

Exercices: Mettez les phrases suivantes au futur avec la forme correcte du verbe entre parenthèses.

Exemple:

Tu _____ une carte postale à ta sœur. *(envoyer)*
Tu *enverras* une carte postale à ta sœur.

21. Ils _____ à Paris l'été prochain. (aller)

22. Patrick _____ besoin d'un ordinateur. (avoir)

23. Vous _____ contents de voir Marcel. (être)

24. Tu _____ la vaisselle tous les soirs. (faire)

25. Les enfants _____ avec nous. (venir)

26. Demain, nous _____ la leçon. (savoir)

27. Il _____ dire la vérité. (falloir)

28. Je _____ ce film. (voir)

29. Nous _____ demain après les cours. (revenir)

30. Il _____ mieux que les enfants se couchent. (valoir)

Exercices: Du présent au futur. Mettez les verbes au futur.

Exemple:

Il *voit* son amie. ⇒ Il *verra* son amie.

31. Nous voyons les Renaud ce soir.

_____

32. Tu peux aller à la piscine.

_____

33. Elle revient demain matin.

_____

34. Nous apercevons un ami.

_____

35. On va à la plage.

_____

36. Je sais la vérité.

_____

37. Il pleut beaucoup en automne.

_____

38. Vous devez partir tout de suite.

_____

39. Prenez-vous des vacances?

_____

40. Elle veut aller en Corse.

_____

Exercices: L'emploi du temps d'Eric. Voici l'emploi du temps (schedule) d'Eric pour demain. Écrivez-le en faisant des phrases complètes au futur.

Exemple:

6 h. 30 / se réveiller.
Il se réveillera à 6 h. 30.

41. 6 h 45 / faire sa toilette

_____

42. 7 h 15 / prendre le petit déjeuner

_____

43. 7 h 45 / aller à l'université

_____

44. de 8 h 30 à 11 h 30 / suivre le cours de chimie

_____

_____

45. midi / déjeuner avec Paul

_____

46. 14 h / assister au cours de littérature

_____

47. 16 h / jouer au tennis avec Myriam

_____

48. 17 h / envoyer un paquet à Jeannot

_____

49. 18 h 30 / dîner dans un fast food

_____

50. 19 h / être à la maison pour étudier

_____

8.2.3 Special uses of the future tense

- The possible hypothesis using *si:* As is the case in English, when a clause introduced by *si* (*if*) is combined with an independent clause in the future, the *si*-clause is in the *present tense.*

Examples:

Nous irons au zoo *s'il fait beau* demain.
We will go to the zoo if it is nice out tomorrow.

Si vous prenez le métro, vous arriverez à l'heure.
If you take the subway, you will get there on time.

- The *quand* (*when*) clauses. However, when the verb of the independent clause is in the future, the verb of a clause introduced by *quand* will take the future, unlike English where the *when*-clauses usually remain in the present.

Examples:

Nous irons au zoo *quand il fera beau.*
We will go to the zoo when it is nice out.

Quand tu viendras me voir, je te montrerai ma collection de timbres.
When you come and see me, I will show you my stamp collection.

- Other conjunctions requiring the future in the same context are *lorsque* (*when*), *dès que* (*as soon as*), and *aussitôt que* (*as soon as*).

Examples:

Lorsqu'il partira, nous pourrons parler librement.
When he leaves, we will be able to speak freely.

Dès qu'il pleuvra, j'ouvrirai mon parapluie.
As soon as it rains, I will open up my umbrella.

Je demanderai son avis à Paul *aussitôt qu'il arrivera.*
We will ask Paul for his opinion as soon as he arrives.

Exercices: Si... Complétez les phrases suivantes avec la forme correcte du futur ou du présent des verbes entre parèntheses, selon le besoin. Attention! Les propositions introduites par *si* restent au présent!

Exemple:

S'il _____ demain, je _____ au musée. (pleuvoir, aller)
S'il *pleut* demain, j'*irai* au musée.

1. Si vous _____ libre demain, je vous _____ au cinéma. (être, inviter)

2. Si tu me _____ l'adresse d'Alain, je lui _____ une carte postale. (donner, écrire)

3. S'il _____ en avril, mon frère _____ faire du ski dans les Alpes. (neiger, aller)

4. S'il _____ demain, je ne _____ pas de la journée. (pleuvoir, sortir)

5. Si Martine _____ à Julien, elle _____ lui expliquer la situation. (téléphoner, pouvoir)

6. Si vous _____ un nouvel appareil-photo, vous _____ en prendre soin (*take good care of it*). (acheter, devoir)

7. Si je _____ au loto, j' _____ une nouvelle voiture. (gagner, acheter)

8. S'il _____ très beau le week-end prochain, nous _____ du camping dans la forêt. (faire, faire)

9. Vous _____ (*hurt*) Thierry si vous _____ maintenant. (blesser, partir)

10. Si Jean-Marc et Elodie _____ de la chance, ils _____ voir le film. (avoir, pouvoir)

Exercises: Quand pourrons-nous faire tout cela? Complétez les phrases avec le verbe à la forme du présent ou du futur qui convient. Attention aux différences entre *si* et *quand* (*lorsque, dès que, aussitôt que*).

Exemples:

J' _____ (avoir) faim quand je _____ (manger).
J'*aurai* faim quand je *mangerai.*

Si j' _____ (avoir) faim à 5 h, je _____ (manger).
Si j'*ai* faim à 5 h, je *mangerai.*

11. Nous _____ (jouer) au tennis si nous _____ (avoir) le temps.

12. Tu _____ (aller) au cinéma quand tu _____ (finir) tes devoirs.

13. Aline _____ (manger) un sandwich quand elle _____ (sortir) de son cours de français.

14. Si vous _____ (vouloir) visiter le Louvre, vous ne _____ (pouvoir) pas y aller mardi.

15. Elles _____ (aller) à la campagne s'il _____ (faire) beau le week-end prochain.

16. Quand Jacques _____ (venir) me voir, je lui _____ (dire) la vérité.

17. Philippe _____ (venir) nous voir quand il le _____ (pouvoir).

18. Si Marc ne _____ (rentrer) pas trop tard, il _____ (dîner) avec nous.

19. Quand je _____ (sortir), je _____ (mettre) la clé de la porte dans le pot de fleurs.

20. Si ce livre _____ (ne pas être) trop cher, je l' _____ (acheter) pour Julienne.

8.3 The future perfect

The future perfect (*le futur antérieur*) is often referred to as "the *passé composé* of the future." It expresses what action will have happened before something else happens. Like the *passé composé* (review chapter 3 for formation), it is formed with *avoir* or *être* in the future tense + the past participle of the verb. The English equivalent is *will have* + verb. Do not forget the agreement of the past participle of *être* verbs with the subject! (see chapter 3 on the *passé composé* agreements).

Examples:

J'*aurai* déjà *mangé* quand tu arriveras.
***I will have eaten** already when you get here.*

Aurez-vous *fini* vos devoirs quand vous irez au cinéma?
***Will** you **have finished** your homework when you go to the movies?*

Note that the verb in the clause introduced by *when* remains in the present tense in English, but is in the future in French whenever it expresses a future action (See section 8.2.3 above).

Exercices: Le passé composé et le futur antérieur. Remplacez le passé composé des verbes suivants par le futur antérieur correspondant à la forme indiquée.

Exemple: Elles sont venues. ⇒ *Elles seront venues.*

1. Nous avons perdu.

2. On a fini.

_____

3. Ils ont bu.

_____

4. Tu es rentrée.

_____

5. Elle a reçu.

_____

6. Vous êtes montées.

_____

7. J'ai mangé.

_____

8. Paul et Marc sont arrivés.

_____

9. Nous nous sommes levés.

_____

10. Il a su.

_____

Exercices: Quand vous arriverez... Faites des phrases au futur antérieur pour exprimer ce que Marcelle et sa famille auront déjà fait quand leurs amis arriveront.

Exemple:

je / prendre mon déjeuner.
...j'aurai pris mon déjeuner.

11. ... je / faire la vaisselle

_____

12. ... mes enfants / rentrer de l'école

_____

13. ... mon mari / réparer le téléviseur

_____

14. ... nous / parler du problème

_____

15. ... Paul / sortir le chien

_____

16. ... Annie / étudier le français

_____

17. ... je / revenir du marché

_____

18. ... nous / acheter une voiture

_____

19. ... Paul / suivre son cours particulier

_____

20. ... nous / mettre le sapin en place

_____

Exercices: Pauvre Suzette! Suzette est malade et son ami Thomas lui téléphone. Exprimez les deux actions successives dans le futur, en suivant le modèle.

Exemple:

a. je / guérir b. je / faire une promenade en forêt
*Je ferai une promenade en forêt quand je **serai guérie**.*

21. a. je / aller chez le médecin
     b. je / prendre des médicaments

     _____

     _____

22. a. les médicaments / commencer à agir
     b. je / se sentir mieux

     _____

     _____

23. a. je / boire du thé
     b. je / ne plus avoir soif

     _____

     _____

24. a. je / finir de le lire
     b. je / te prêter ce roman

     _____

     _____

25. a. ma mère / faire le lit
     b. je / retourner dans ma chambre

     _____

     _____

26. a. je / descendre au salon
     b. je / regarder la télévision

     _____

     _____

27. a. tu / faire tes devoirs
     b. tu / m'appeler

     _____

     _____

28. a. je / étudier un peu
     b. ma mère / appeler le professeur de maths

     _____

     _____

29. a. je / rattraper mon retard
     b. je / passer (*take*) mes examens

     _____

     _____

30. a. je / reprendre des forces
     b. nous / aller au cinéma

     _____

     _____

8.4 The conditional

Generally speaking, the conditional (*le conditionnel*) in French corresponds to the English form *should/would* + verb (*I should go, we would eat*). The conditional is formed by adding *the endings of the imperfect tense* (*-ais, -ais, -ait, -ions, -iez, -aient*) to the infinitive. In *-re* verbs, the final **-e** is dropped before the ending is added.

parler		finir		attendre	
I would speak		*I would finish*		*I would wait*	
je	parler**ais**	je	finir**ais**	j'	attendr**ais**
tu	parler**ais**	tu	finir**ais**	tu	attendr**ais**
il elle on	parler**ait**	il elle on	finir**ait**	il elle on	attendr*ait*
nous	parler**ions**	nous	finir**ions**	nous	attendr**ions**
vous	parler**iez**	vous	finir**iez**	vous	attendr**iez**
ils elles	parler**aient**	ils elles	finir**aient**	ils elles	attendr**aient**

*   *Irregularities.* Verbs that have irregular forms or spelling changes in the future tense have the same

irregular forms in the conditional. (See sections 8.2.1 and 8.2.2 above.)

Exercices: *Le futur et le conditionnel.* Transformez les verbes du futur au conditionnel.

Exemple:

je mangerai ⇒ *je mangerais*

1. tu parleras

   _____

2. on sortira

   _____

3. nous prendrons

   _____

4. vous lirez

   _____

5. elles partiront

   _____

6. il jouera

   _____

7. tu attendras

   _____

8. nous dirons

   _____

9. tu termineras

   _____

10. je descendrai

    _____

Exercices: *L'imparfait et le conditionnel.* Complétez la forme de l'imparfait ou du conditionnel qui manque.

Exemple:

tu riais ⇒ *tu rirais*
vous mangiez ⇐ vous mangeriez

11. _____ ⇐ nous ririons

12. ils jouaient ⇒ _____

13. _____ ⇐ vous finiriez

14. on dormait ⇒ _____

15. _____ ⇐ tu cueillerais

16. elles couraient ⇒ _____

17. _____ ⇐ vous vieilliriez

18. nous terminions ⇒ _____

19. _____ ⇐ elle lirait

20. je montais ⇒ _____

Exercices: *Et si nous vivions dans un monde parfait?* Mettez les verbes suivants au conditionnel présent à la personne indiquée.

Exemple:

Ils (faire) _____ la vaisselle.
Ils *feraient* la vaisselle.

21. Tu (être) _____
    confortable.

22. Elles (comprendre) _____
    le problème.

23. Je (recevoir) _____
    les résultats très vite.

24. Vous (savoir) _____
    lui dire cela.

25. Nous (aller) _____
    au cinéma.

26. On le lui (dire) _____
    avant son départ.

27. Ils (croire) _____
    tout.

28. Paul et Alain n' (avoir) _____ pas tort.

29. Tu (aller) _____ au bal ce week-end.

30. Michel (voir) _____ mieux.

8.4.1 Uses of the conditional

- *Expressing wishes and requests politely.* As is the case in English, the use of the conditional in French makes a request seem less abrupt than the present tense. Contrast the following:

Examples:

Je *veux* ce livre.
I want this book.
Je *voudrais* ce livre.
I would like this book.

Avez-vous du sucre?
Do you have any sugar?
Auriez-vous du sucre?
Would you have any sugar?

Pouvoir and **devoir**. Note that *pouvoir* (*can, to be able to*) in the conditional corresponds to English *could* + infinitive and *devoir* in the conditional corresponds to English *should* + infinitive.

Examples:

Pouvez-vous me dire où est la Tour Eiffel?
Can you tell me where the Eiffel Tower is?
Pourriez-vous me dire où est la Tour Eiffel?
Could you tell me where the Eiffel Tower is?

Tu *dois* étudier!
You must study!
Tu *devrais* étudier!
You should/ought to study.

- *The conditional in if-clauses.* The conditional is also used to express what would happen if certain conditions contrary to reality were met. The sequence of tenses in that case is the following:

Si clause [*imperfect*] + Result clause [*conditional*]

Examples:

Si je *gagnais* à la loterie, j'*achèterais* une voiture de sport.
If I won the lottery (but I did not), *I would buy a sports car.*

Marc *irait* à Tahiti si ses parents lui *offraient* le voyage.
Mark would go to Tahiti if his parents offered him the trip.

Exercices: *Dites-le poliment, s'il vous plaît!* Complétez les phrases suivantes en mettant les verbes au présent du conditionnel pour exprimer la politesse.

Exemple:

(aimer) Votre père _____ -il se reposer un peu?
Votre père *aimerait*-il se reposer un peu?

1. (vouloir) Je _____ trois timbres à 3,10 F, s'il vous plaît!

2. (falloir) Il _____ étudier davantage.

3. (voir) _____ -vous mieux avec les phares (*headlights*) allumés?

4. (pouvoir) Marc _____ -il me rendre ce service?

5. (être) _____ -vous le Docteur Martin?

6. (savoir) _____ -elles trouver ce restaurant sans le plan de la ville?

7. (pouvoir) Excusez-moi, Monsieur. _____ -vous me dire l'heure?

8. (faire) _____ -tu cela pour moi?

9. (avoir) _____ -vous un roman de Balzac?

10. (devoir) Nous _____
nous coucher plus tôt le soir.

Exercices: *À ta place...* (*If I were you...*) Donnez des conseils (*advice*) à votre ami, en fonction des renseignements (*information*) qu'il vous donne.

Exemple:

—Il fait beau dehors. Est-ce que je dois déjeuner dans le jardin ou faire un pique-nique à la campagne?
— À ta place, *je ferais un pique-nique à la campagne.*
ou:
—À ta place, *je déjeunerais dans le jardin.*

11. — J'ai beaucoup d'argent. Est-ce que je dois voyager ou acheter une voiture?
— À ta place, _____

12. — J'ai beaucoup de travail. Est-ce que je dois écrire une lettre ma mère ou lui téléphoner?
— À ta place, _____

13. — Je suis en colère contre mon frère. Est-ce que je dois essayer de lui parler ou attendre d'être plus calme?
— À ta place, _____

14. — Je ne suis pas très fort en espagnol. Est-ce que je dois faire un séjour en Espagne ou prendre des cours particuliers (*hire a tutor*)?
— À ta place, _____

15. — Je n'ai aucun projet pour dimanche prochain. Est-ce que je dois aller à l'église ou étudier mon français?
— À ta place, _____

16. — Je n'aime pas beaucoup mon travail. Est-ce que je dois chercher un autre travail ou reprendre mes études (*go back to school*) ?
— À ta place, _____

17. — Marc, mon camarade de chambre est très désordonné (*messy*). Est-ce que je dois choisir un autre camarade pour le remplacer ou avoir une conversation sérieuse avec Marc?
— À ta place, _____

18. — Mon frère m'attend à Lyon ce soir. Est-ce que je dois prendre le train ou l'avion?
— À ta place, _____

19. — J'ai deux choses urgentes à faire: Est-ce que je dois envoyer cette lettre d'abord (*first*) ou aller à la banque d'abord?
— À ta place, _____

20. —Depuis les fêtes de Noël, j'ai beaucoup grossi (*put on weight*). Est-ce que je dois suivre un régime (*go on a diet*) ou faire du sport?
— À ta place, _____

Exercices: Ah! si j'étais riche...! Complétez les phrases suivantes en utilisant le présent du conditionnel.

Exemple:

Si j'étais riche, je ne (venir) pas au cours.
Si j'étais riche, je ne *viendrais* pas au cours.

21. ... je (faire) _____ le tour du monde.

22. ... je (voyager) _____ en avion supersonique.

23. ... je (prendre) _____ des vacances à Tahiti tous les étés.

24. ... mes frères (venir) _____ avec moi en vacances.

25. ... je (offrir) _____ une belle voiture à mes parents.

26. ... ma femme ne (faire) _____ plus la vaisselle.

27. ... mon fils (pouvoir) _____ faire ses études à Harvard.

28. ... je (habiter) _____ dans un beau château.

29. ... nous (être) _____ tous très heureux.

30. ... la vie (être) _____ belle!

8.5 The past conditional

The past conditional (*le conditionnel passé*) is used to express *what would have happened* if something else had not interfered. It is formed by using the conditional tense of the auxiliary verb *avoir* or *être* + the past participle of the verb. The English equivalent is *would have* + verb.

Example:

À ma place, qu'est-ce que *vous auriez fait*?
*If you had been me, what **would you have done***?

Exercices: *Le passé composé et le conditionnel passé.* Remplacez le passé composé des verbes suivants par le conditionnel passé correspondant à la forme indiquée.

Exemple:

Elles *sont* venues. ⇒ Elles *seraient* venues.

1. Nous nous sommes lavées.

   _____

2. On est arrivé.

   _____

3. Ils ont mangé.

   _____

4. Tu es levé.

   _____

5. Elle a su.

   _____

6. Vous êtes rentrés.

   _____

7. J'ai bu.

   _____

8. Paul et Jacques ont fini.

   _____

9. Nous nous sommes vus.

   _____

10. Il a perdu.

    _____

Exercices: Au voleur! Nicolas habite une maison retirée (*secluded*) à la campagne. Un voleur est entré chez lui en pleine nuit. Lisez ce qu'il a fait et dites si vous auriez fait la même chose à sa place.

Exemple:

Nicolas est resté calme.
Moi aussi, je *serais resté(e)* calme.
ou: Moi, je *ne serais pas resté(e)* calme.

11. Nicolas a téléphoné à la police.

    _____

12. Il s'est habillé.

    _____

13. Il a pris une lampe de poche (*flashlight*).

    _____

14. Il a descendu les escaliers.

    _____

15. Il a demandé tout fort (*aloud*): "Qui est là?"

    _____

16. Il est remonté dans sa chambre.

19. Il a perdu patience.

17. Il a fermé la porte à clé.

20. Il est retourné voir qui était là.

18. Il a attendu la police.

Check Yourself

8.1 **(The near future)**

1. vont 2. va 3. allons 4. vont 5. allez 6. allons 7. vas 8. vais 9. allons 10. va 11. Marc va téléphoner à Alain. 12. Anne et Juliette vont regarder la télé. 13. Nous allons obéir à nos professeurs. 14. Tu vas descendre en ville. 15. Jacqueline et toi, vous allez aller au marché. 16. Mon père va acheter une voiture. 17. Suzanne et Jean vont faire le ménage. 18. Je vais finir mes devoirs. 19. Mon frère va parler à ses amis. 20. Aline va étudier pour son examen. 21. Mon père va repeindre la maison au printemps. 22. Ma mère va boire moins de café. 23. Mes frères et moi allons nous disputer moins souvent. 24. Nicolas et toi, vous allez lire un livre par mois. 25. Vous deux, vous allez faire de la gymnastique trois fois par semaine. 26. Béatrice et Julie vont passer moins de temps au téléphone. 27. Toute la famille va dîner ensemble tous les soirs. 28. Papa, tu vas arrêter de fumer. 29. Marc va écrire à Grand-mère plus souvent. 30. Papa et Maman, vous allez aller au cinéma une fois par semaine.

8.2 **(The future)**

1. travaillerons 2. prendra 3. prépareront 4. monteront 5. écriras 6. conduiront 7. lira 8. suivra 9. arrêtera 10. nous coucherons 11. J'abandonnerai 12. nous prendrons 13. Nous voyagerons 14. tu suivras 15. Paul et Arnaud étudieront 16. Vous passerez 17. Je me réveillerai 18. Toute la famille montera 19. Nous apprendrons 20. Vous aimerez

8.2.1 (Stem-changing verbs)

1. Vous nettoierez (*or* nettoyerez) 2. Il essaiera (*or* essayera) 3. Tu lèveras 4. Paul et Luc jetteront 5. Nous achèterons 6. Elle appellera 7. Elles emmèneront 8. Vous essaierez (*or* essayerez) 9. J'essuierai (*or* essuyerai) 10. Nous paierons (*or* payerons)

8.2.2 (Verbs with irregular future stems)

1. voir 2. acheter 3. se lever 4. envoyer 5. se promener 6. faire 7. aller 8. utiliser 9. pouvoir 10. avoir envie 11. Nous verrons 12. Elles achèteront 13. Vous vous lèverez 14. Ils enverront 15. Nous nous promènerons 16. Vous ferez 17. Ils n'iront pas 18. Elles utiliseront 19. Vous pourrez 20. Nous aurons envie 21. iront 22. aura 23. serez 24. feras 25. viendront 26. saurons 27. faudra 28. verrai 29. reviendrons 30. vaudra 31. Nous verrons 32. Tu pourras 33. Elle reviendra 34. Nous apercevrons 35. On ira 36. Je saurai 37. Il pleuvra 38. Vous devrez 39. Prendrez-vous 40. Elle voudra 41. Il fera sa toilette à 6 h 45. 42. Il prendra le petit déjeuner à 7 h 15. 43. Il ira à l'université à 7 h 45. 44. Il suivra le cours de chimie de 8 h 30 à 11 h 30. 45. Il déjeunera avec Paul à midi.

46. Il assistera au cours de littérature à 14 h. 47. Il jouera au tennis avec Myriam à 16 h. 48. Il enverra un paquet à Jeannot à 17 h. 49. Il dînera dans un fast-food à 18 h. 30. 50. Il sera à la maison pour étudier à 19 h.

8.2.3 (Special uses of the future tense)

1. êtes, inviterai 2. donnes, écrirai 3. neige, ira 4. pleut, sortirai 5. téléphone, pourra 6. achetez, devrez 7. gagne, achèterai 8. fait, ferons 9. blesserez, partez 10. ont, pourront 11. jouerons, avons 12. iras, finiras 13. mangera, sortira 14. voulez, pourrez 15. iront, fait 16. viendra, dirai 17. viendra, pourra 18. rentre, dînera 19. sortirai, mettrai 20. n'est pas, achèterai

8.3 (The future perfect)

1. Nous aurons perdu. 2. On aura fini. 3. Ils auront bu. 4. Tu seras rentrée. 5. Elle aura reçu. 6. Vous serez montées. 7. J'aurai mangé. 8. [Paul et Marc] seront arrivés. 9. Nous nous serons levés. 10. Il aura su. 11. ... j'aurai fait la vaisselle. 12. ... mes enfants seront rentrés de l'école. 13. ... mon mari aura réparé le téléviseur. 14. ... nous aurons parlé du problème. 15. ... Paul aura sorti le chien. 16. ... Annie aura étudié le français. 17. ... je serai revenue du marché. 18. ... nous aurons acheté une voiture. 19. ... Paul aura suivi son cours particulier. 20. ... nous aurons mis le sapin en place. 21. Je prendrai des médicaments quand je serai allée chez le médecin. 22. Je me sentirai mieux quand les médicaments auront commencé à agir. 23. Je n'aurai plus soif quand j'aurai bu du thé. 24. Je te prêterai ce roman quand j'aurai fini de le lire. 25. Je retournerai dans ma chambre quand ma mère aura fait le lit. 26. Je regarderai la télévision quand je serai descendue au salon. 27. Tu m'appelleras quand tu auras fait tes devoirs. 28. Ma mère appellera le professeur de maths quand j'aurai étudié un peu. 29. Je passerai mes examens quand j'aurai rattrapé mon retard. 30. Nous irons au cinéma quand j'aurai repris des forces.

8.4 (The conditional)

1. tu parlerais 2. on sortirait 3. nous prendrions 4. vous liriez 5. elles partiraient 6. il jouerait 7. tu attendrais 8. nous dirions 9. tu terminerais 10. je descendrais 11. nous ririons 12. ils joueraient 13. vous finissiez 14. on dormirait 15. tu cueillais 16. elles courraient 17. vous vieillissiez 18. nous terminerions 19. elle lisait 20. je monterais 21. serais 22. comprendraient 23. recevrais 24. sauriez 25. irions 26. dirait 27. croiraient 28. auraient 29. irais 30. verrait

8.4.1 (Uses of the conditional)

1. voudrais 2. faudrait 3. Verriez 4. pourrait 5. Seriez 6. Sauraient 7. Pourriez 8. Ferais 9. Auriez 10. devrions 11. ... je voyagerais./... j'achèterais une voiture. 12. ... je lui écrirais une lettre./... je lui téléphonerais. 13. ... j'essaierais de lui parler./... j'attendrais d'être plus calme. 14. ... je ferais un séjour en Espagne./... je prendrais des cours particuliers. 15. ... j'irais à l'église./... j'étudierais mon français. 16. ... je chercherais un autre travail./... je reprendrais mes études. 17. ... je choisirais un autre camarade pour le remplacer./... j'aurais une conversation sérieuse avec Marc. 18. ... je prendrais le train./... je prendrais l'avion. 19. ... j'enverrais cette lettre d'abord./... j'irais à la banque d'abord. 20. ... je suivrais un régime./... je ferais du sport. 21. ferais 22. voyagerais 23. prendrais 24. viendraient 25. j'offrirais 26. ferait 27. pourrait 28. j'habiterais 29. serions 30. serait

8.5 (The past conditional)

1. Nous nous serions lavées. 2. On serait arrivé. 3. Ils auraient mangé. 4. Tu serais levé. 5. Elle aurait su. 6. Vous seriez rentrés. 7. J'aurais bu. 8. Paul et Jacques auraient fini. 9. Nous nous serions vus. 10. Il aurait perdu. [Answers may vary] 11. Moi aussi, j'aurais téléphoné à la police. 12. Moi aussi, je me serais habillé(e). 13. Moi aussi, j'aurais pris une lampe de poche. 14. Moi, je n'aurais pas descendu les escaliers. 15. Moi aussi, j'aurais demandé tout fort: "Qui est là?" 16. Moi aussi, je serais remonté(e) dans ma chambre. 17. Moi aussi, j'aurais fermé la porte à clé. 18. Moi aussi, j'aurais attendu la police. 19. Moi aussi, j'aurais perdu patience. 20. Moi, je ne serais pas retourné(e) voir qui était là.

Grade Yourself

Circle the numbers of the questions you missed, then fill in the total incorrect for each topic. If you answered more than three questions incorrectly, you need to focus on that topic. (If a topic has less than three questions and you had at least one wrong, we suggest you study that topic also. Read your textbook, a review book, or ask your teacher for help.)

Subject: *Le futur et le conditionnel*

Topic	Question Numbers	Number Incorrect
The near future	**8.1:** 1, 2, 3, 4, 5, 6, 7, 8, 9, 10, 11, 12, 13, 14, 15, 16, 17, 18, 19, 20, 21, 22, 23, 24, 25, 26, 27, 28, 29, 30	
The future	**8.2:** 1, 2, 3, 4, 5, 6, 7, 8, 9, 10, 11, 12, 13, 14, 15, 16, 17, 18, 19, 20	
Stem-changing verbs	**8.2.1:** 1, 2, 3, 4, 5, 6, 7, 8, 9, 10	
Verbs with irregular future stems	**8.2.2:** 1, 2, 3, 4, 5, 6, 7, 8, 9, 10, 11, 12, 13, 14, 15, 16, 17, 18, 19, 20, 21, 22, 23, 24, 25, 26, 27, 28, 29, 30, 31, 32, 33, 34, 35, 36, 37, 38, 39, 40, 41, 42, 43, 44, 45, 46, 47, 48, 49, 50	
Special uses of the future tense	**8.2.3:** 1, 2, 3, 4, 5, 6, 7, 8, 9, 10, 11, 12, 13, 14, 15, 16, 17, 18, 19, 20	
The future perfect	**8.3:** 1, 2, 3, 4, 5, 6, 7, 8, 9, 10, 11, 12, 13, 14, 15, 16, 17, 18, 19, 20, 21, 22, 23, 24, 25, 26, 27, 28, 29, 30	
The conditional	**8.4:** 1, 2, 3, 4, 5, 6, 7, 8, 9, 10, 11, 12, 13, 14, 15, 16, 17, 18, 19, 20, 21, 22, 23, 24, 25, 26, 27, 28, 29, 30	

Topic	Question Numbers	Number Incorrect
Uses of the conditional	**8.4.1:** 1, 2, 3, 4, 5, 6, 7, 8, 9, 10, 11, 12, 13, 14, 15, 16, 17, 18, 19, 20, 21, 22, 23, 24, 25, 26, 27, 28, 29, 30	
The past conditional	**8.5:** 1, 2, 3, 4, 5, 6, 7, 8, 9, 10, 11, 12, 13, 14, 15, 16, 17, 18, 19, 20	

Le comparatif et le superlatif

Brief Yourself

9.1 The comparative

9.1.1 The comparative of adjectives and adverbs

The comparative of adjectives (*nice* ⇒ *nicer/as nice as/less nice than*) and of adverbs (*often* ⇒ *more/less/as often*) is made by placing *plus*, *moins*, or *aussi* before and *que* after the adjective or the adverb.

- comparison of superiority (*more . . . than*)

Examples:

Jeanne est *plus* grande *que* Pierre. (adjective: *grand* = taller)

Alain a travaillé *plus* rapidement *que* son frère. (adverb: *rapidement* = more quickly)

- comparison of equality (*as . . . as*)

Examples.

Julien est *aussi* rapide *que* Paul. (adjective: *rapide* = as fast)

Martine travaille *aussi* bien *qu'*Eric. (adverb: *bien* = as well)

- comparison of inferiority (*less than*)

Examples:

Pierre est *moins* grand *que* Jeanne. (adjective: *grand* = less tall)

Marc a travaillé *moins* rapidement *que* Jean. (adverb: *rapidement* = less quickly)

9.1.2 The comparative of nouns

The comparative of the noun (*books* ⇒ *more/fewer books than; as many books as*) is made by placing *plus de*, *moins de*, or *autant de* before and *que* after the noun. *De* also follows *que* when two sets of items are being compared.

- comparison of superiority (*more than*)

Examples:

Jeanne a *plus de* livres *que* Pierre. (noun: *more books than Peter*)

Jeanne a *plus de* livres *que de* cassettes. (nouns: *more books than tapes*)

- comparison of equality (*as many . . . as*)

Examples:

Julien a *autant de* cassettes *que* Paul. (noun: *as many tapes as Paul*)

Julien a *autant de* cassettes *que de* livres. (nouns: *as many tapes as books*)

- comparison of inferiority (*less . . . than*)

Examples:

Pierre a *moins de* patience *que* <u>Marthe</u>. (noun: *less patience than Martha*)

Picrre a *moins de* <u>patience</u> *que de* <u>courage</u>. (nouns: *less patience than courage*)

- tableau récapitulatif

Compararif	Supériorité	Egalité	Infériorité
Adjectif et adverbe	plus ... que	aussi ... que	moins ... que
Nom	plus de ... que (de)	autant de ... que (de)	moins de ... que (de)

Test Yourself

Exercices: Complexe d'infériorité. Antoine pense qu'il est moins bien que tous ses amis. Récrivez les phrases suivant le modèle.

Exemples:

Je suis grand. (– / Marie)
Je suis moins grand que Marie.

Jacques est intelligent. (+ / moi)
Jacques est plus intelligent que moi.

1. Jules est sportif. (+ / moi)

   _____

2. Je ne suis pas poli. (= / Hélène)

   _____

3. Je suis patient. (– / Jean)

   _____

4. Anne est sérieuse. (+ / moi)

5. Ils sont gentils. (+ / moi)

   _____

6. Je parle intelligemment. (– / Hélène)

   _____

7. Charles conduit prudemment. (+ / moi)

   _____

8. Je conduis bien. (– / Charles)

   _____

9. Ils sont élégants. (+ / moi)

   _____

10. Je ne suis pas intéressant. (= / mes amis)

    _____

Exercices: Comparez!

Exemple:

Jacques a reçu un "A" en maths, Catherine a reçu un "B," et Didier a reçu un "C". (intelligent)

Jacques est plus intelligent que Catherine.
Catherine est moins intelligente que Jacques.
Catherine et Jacques sont plus intelligents que Didier.

11.   Eric mesure 1,70 m, son père mesure 1,70 m et son frère mesure 1,86 m. (grand)
      Son frère est _____
      Eric.
      Son père est _____
      son frère.
      Eric est _____ son père.

12.   Bruno a fait son travail en 2 heures; Thierry a fait son travail en 1 h 45, et Béatrice a fait son travail en 1 h 30. (vite)
      Béatrice travaille _____
      Bruno.
      Bruno travaille _____
      Thierry.
      Thierry travaille _____
      Béatrice.

13.   Sandrine a 17 ans, Julien a 19 ans, et Dominique a 23 ans. (jeune)
      Sandrine est _____
      Julien.
      Julien est _____
      Dominique.
      Dominique est _____
      ses amis.

14.   Christophe voyage trois fois par an; Frédéric voyage aussi trois fois par an et Hervé voyage une fois par an. (souvent)
      Christophe voyage _____
      Frédéric.
      Frédéric voyage _____
      Hervé.
      Hervé voyage _____
      Christophe et Frédéric.

15.   Marc pèse (*weighs*) 85 kg, Louis pèse 80 kg, et Philippe pèse 75 kg. (lourd)
      Philippe pèse
      _____ Louis.
      Marc pèse _____
      Philippe.
      Louis pèse _____
      Marc.

Exercices: Faites des phrases complètes avec *plus de ... que, moins de ... que*, ou *autant de ... que*.

Exemple:

La France a 57 millions d'habitants et l'Allemagne en a 79,5 millions.
L'Allemagne *a plus d'habitants que la France.*

16.   Les Benoît ont deux voitures et les Ducléon en ont une.
      Les Ducléon _____

      _____

17.   Les Français boivent 31,7 litres de vin par an et 11,8 litres de bière.
      Les Français _____

      _____

18.   Claudette lit 4 livres par mois et Marc aussi.
      Marc _____

19.   Paul a 15 chemises et Henri en a 20.
      Henri _____

20.   Les Vigneux ont trois enfants et les Dutronc en ont quatre.
      Les Vigneux _____

      _____

21.   Les adolescents (*teenagers*) dépensent 2 600 calories par jour et les hommes en dépensent 2 400.
      Les adolescents _____

      _____

22. Les Jouve ont deux salles de bains chez eux et les Mafranc en ont une seule.
Les Mafranc _____

_____

23. Herbert a un mois de vacances par an et Étienne aussi.
Herbert _____

_____

24. Serge mange deux croissants le matin et sa petite amie n'en mange qu'un.
Serge _____

_____

25. Il y a eu 274 476 accidents de la route en France en 1972 et 143 362 en 1992.
En France, en 1992 il y a eu _____

_____

9.2 The superlative

9.2.1 The superlative of adjectives

The superlative of adjectives (*interesting* ⇒ *the most/the least interesting*) is made by adding *le, la,* or *les* to the comparative form. If the adjective normally comes before the noun (see chapter 6), so will the superlative of the adjective.

Example:

C'est *la plus jolie* fille de la classe.
She is the prettiest girl in the class.

If the adjective normally comes after the noun, so will the superlative. In that case, *two articles are necessary:* one before the noun, and one before the adjective.

Example:

Victor Hugo est *le* poète *le plus* célèbre de la France.
Victor Hugo is France's most famous poet.

- superlative of superiority (*the most . . . in/of*)

Examples:

Jeanne est l'étudiante *la plus* intelligente *de* la classe.
Jean is the most intelligent student in the class.

Ce roman est *le plus* passionnant *de* tous.
This novel is the most fascinating of all.

- superlative of inferiority (*the least . . . in/of*)

Examples:

Pierre est *le moins* grand *de* la famille.
Peter is the least tall of the family.

Albert est l'étudiant *le moins* doué *de* la classe.
Albert is the least gifted student in the class.

9.2.2 The superlative of adverbs

The superlative of adverbs (*frequently* ⇒ *the most/least frequently*) is made by adding *le* to the comparative form.

- superlative of superiority (*the most . . . of*)

Example:

Alain a travaillé *le plus* rapidement *de* tous.
Alan worked the fastest of all.

- superlative of inferiority (*the least . . . of*)

Example:

Juliette a travaillé *le moins* rapidement *de* tous.
Juliet worked the least fast of all.

- tableau récapitulatif

Superlatif	Adjectif + Nom	Nom + Adjectif	Adverbe
Supériorité	le* plus + Adjectif + Nom	le* + Nom + le* plus + Adjectif	le** plus + Adverbe
Infériorité	le* moins + Adjectif + Nom	le* + Nom + le* moins + Adjectif	le** moins + Adverbe

*The article agrees in gender and number with the adjective and noun it modifies (*le, la les*).

**The article remains invariable (*le*).

Exercices: Les meilleurs amis du monde. Nathalie pense que ses amis sont merveilleux! Faites des phrases qui les décrivent en utilisant le superlatif.

Exemple:

Julien est beau? ⇒ *C'est **le plus beau garçon** du monde!*

1. Aline est intéressante?

    _____

2. Julie et Marceline sont jolies?

    _____

3. Marc et Étienne sont grands?

    _____

4. Jacques est intelligent?

    _____

5. Marcel et Anne sont sympathiques?

    _____

6. Colette est belle?

    _____

7. Renée et Sandra sont élégantes?

    _____

8. Alain est fort en maths?

    _____

9. Claude est amusant?

    _____

10. Arlette est honnête?

    _____

Exercices: Le plus... Faites des phrases au superlatif en suivant le modèle.

Exemples:

New York est une belle ville des États-Unis.
New York est la plus belle ville des États-Unis.

New York est une ville intéressante des États-Unis.
New York est la ville la plus intéressante des États-Unis.

11. Le Pont-Neuf est un vieux pont de Paris.

    _____

    _____

12. La Statue de la Liberté est un monument célèbre de New York.

    _____

    _____

13. La baleine (*whale*) est un grand mammifère.

    _____

    _____

14. Le Concorde est un avion rapide.

    _____

    _____

15. Le Louvre est un musée connu de Paris.

    _____

    _____

16. L'Arche de la Fraternité est un bâtiment parisien gigantesque.

_____

_____

17. Le TGV est un train rapide.

_____

_____

18. Tokyo et Mexique sont de grandes capitales.

_____

_____

19. La Tour Eiffel est une haute tour parisienne.

_____

_____

20. La Tour de Sears est un célèbre bâtiment de Chicago.

_____

_____

Exercies: Bon voyage! Vous voyagez avec un ami qui vous demande pourquoi vous voulez faire les choses que vous voulez faire. Expliquez-lui vos raisons en suivant le modèle.

Exemple:

Pourquoi veux-tu visiter Paris? (+/intéressant/la France)
C'est la ville la plus intéressante de la France.

21. Pourquoi veux-tu visiter ce musée? (+/intéressant/la région)

_____

_____

22. Pourquoi veux-tu prendre ce train? (+/confortable/la ligne)

_____

_____

23. Pourquoi veux-tu acheter ces souvenirs? (–/cher/le magasin)

_____

_____

24. Pourquoi veux-tu dîner dans ce restaurant? (+/abordable [*affordable*]/le quartier)

_____

_____

25. Pourquoi veux-tu choisir ce plat? (+/typique/le menu)

_____

_____

26. Pourquoi veux-tu boire cette bière? (–/alcoolisé/la brasserie)

_____

_____

27. Pourquoi veux-tu dormir dans cet hôtel? (+/moderne/la ville)

_____

_____

28. Pourquoi veux-tu regarder cette émission? (+/intéressant/le programme)

_____

_____

29. Pourquoi aimes-tu le football? (le sport/+/spectaculaire)

_____

_____

30. Pourquoi veux-tu continuer ton voyage sans moi? (le compagnon/+/ennuyeux/le monde)

_____

_____

9.3 Irregular comparatives and superlatives

As in English, the words *bon* (*good*), *bien* (*well*), *mauvais* (*bad*), and *mal* (*badly*) have irregular forms, although *mauvais* and *mal* are more often used regularly:

Adjectif/ adverbe	Comparatif	Superlatif
bon *good*	meilleur(e)(s) *better*	le/la/les meillleur(e)(s) *the best*
bien *well*	mieux *better*	le mieux *the best*
mauvais *bad*	pire(s) plus mauvais(e)(s) *worse*	le/la/les pire(s) le/la/les plus mauvais(e)(s) *the worst*

Adjectif/ adverbe	Comparatif	Superlatif
mal *badly*	(pis) plus mal *worse*	(le pis) le plus mal *the worst*

Examples:

Hélène est *meilleure* en anglais *que* son frère.
Helen is better in English than her brother.

Elle est *la meilleure de* sa classe.
She is the best in her class.

Marie chante *mieux que* Gilles, mais c'est Agathe qui chante *le mieux de* tous.
Mary sings better than Gilles, but it is Agatha who sings the best of all.

Cette tarte est *plus mauvaise* [*pire*] que ce gâteau au chocolat.
This pie tastes worse than this chocolate cake.

Tu es le *plus mauvais* [*pire*] conducteur que je connaisse!
You are the worst driver I know!

Note: As the above example illustrates, the subjunctive is usually used after the superlative.

Exercices: Comparatifs irréguliers. Complétez les phrases avec *mieux* ou *meilleur(e)(s)*, selon le cas.

Exemple:

Ce vin blanc est _____ que ce vin rouge. ⇒ *meilleur*

1. Le deuxième roman de cet auteur est _____ que le premier.

2. Mon fils dort _____ depuis qu'il a changé de lit.

3. Aujourd'hui, le service est _____ qu'hier.

4. Julie étudie _____ que sa sœur.

5. Elle est _____ en maths.

6. Cet hôtel est _____ situé que les autres.

7. Je travaille _____ à la bibliothèque qu'à la maison.

8. Étienne parle _____ allemand que toi.

9. Maintenant que vous m'avez expliqué la situation politique, je comprends _____ ce qui se passe.

10. Fabienne a fait des progrès et ses notes (*grades*) sont _____ que l'année dernière.

Exercices: Faites des phrases en utilisant le comparatif ou le superlatif de *mauvais* et de *mal*, selon le besoin.

Exemple:

Henri a reçu un "D" en anglais, et Marc a reçu un "D-".
Marc a reçu *une plus mauvaise* note qu'Henri.

11. Claudette ne conduit pas très bien, mais son frère conduit _____ qu'elle.

12. C'est Jean qui joue _____ de toute l'équipe (*team*).

13. Ce garçon a une _____ réputation que Don Juan.

14. Hector n'étudie pas _____ que toi mais il étudie beaucoup moins.

15. Ce livre n'est pas bon, mais celui-là est _____.

16. Ce repas est _____ que celui que nous avons mangé hier.

17. Géraldine chante mal, mais toi, tu chantes _____.

18. Ce film est _____ que j'aie jamais (*ever*) vu!

19. Je n'aime pas perdre quand je joue, mais René est _____ joueur que moi.

20. Ce tableau est mauvais, mais celui-là est _____.

Check Yourself

9.1 (The comparative)

1. Jules est plus sportif que moi. 2. Je ne suis pas aussi poli qu'Hélène. 3. Je suis moins patient que Jean. 4. Anne est plus sérieuse que moi. 5. Ils sont plus gentils que moi. 6. Je parle moins intelligemment qu'Hélène. 7. Charles conduit plus prudemment que moi. 8. Je conduis moins bien que Charles. 9. Ils sont plus élégants que moi. 10. Je ne suis pas aussi intéressant que mes amis. 11. plus grand qu'/moins grand qu'/aussi grand que 12. plus vite que/moins vite que/moins vite que 13. plus jeune que/plus jeune que/moins jeune que 14. aussi souvent que/plus souvent qu/moins souvent que 15. moins lourd que/plus lourd que/moins lourd que 16. ont moins de voitures que les Benoît. 17. boivent plus de vin que de bière/boivent moins de bière que de vin. 18. lit autant de livres que Claudette. 19. a plus de chemises que Paul. 20. ont moins d'enfants que les Dutronc. 21. dépensent plus de calories [par jour] que les hommes. 22. ont moins de salles de bain que les Jouve. 23. a autant de vacances qu'Étienne. 24. mange plus de croissants le matin que sa petite amie. 25. moins d'accidents de la route qu'en 1972.

9.2 (The superlative)

1. C'est la fille la plus intéressante du monde! 2. Ce sont les plus jolies filles du monde! 3. Ce sont les plus grands garçons du monde! 4. C'est le garçon le plus intelligent du monde! 5. Ce sont les personnes les plus sympathiques du monde! 6. C'est la plus belle fille du monde! 7. Ce sont les filles les plus élégantes du monde! 8. C'est le garçon le plus fort en maths du monde! 9. C'est le garçon le plus amusant du monde! 10. C'est la plus honnête fille du monde! 11. Le Pont-Neuf est le plus vieux pont de Paris. 12. La Statue de la Liberté est le monument le plus célèbre de New York. 13. La baleine est le plus grand mammifère. 14. Le Concorde est l'avion le plus rapide. 15. Le Louvre est le musée le plus connu de Paris. 16. L'Arche de la Fraternité est le bâtiment parisien le plus gigantesque. 17. Le TGV est le train le plus rapide. 18. Tokyo et Mexique sont les plus grandes capitales. 19. La Tour Eiffel est la plus haute tour parisienne. 20. La Tour de Sears est le bâtiment le plus célèbre de Chicago. 21. C'est le musée le plus intéressant de la région. 22. C'est le train le plus confortable de la ligne. 23. Ce sont les souvenirs les moins chers du magasin. 24. C'est le retaurant le plus abordable du quartier. 25. C'est le plat le plus typique du menu. 26. C'est la bière la moins alcoolisée de la brasserie. 27. C'est l'hôtel le plus moderne de la ville. 28. C'est l'émission la plus intéressante du programme. 29. C'est le sport le plus spectaculaire [de tous]. 30. Tu es le compagnon le plus ennuyeux du monde.

9.3 (Irregular comparatives and superlatives)

1. meilleur 2. mieux 3. meilleur 4. mieux 5. meilleure 6. mieux 7. mieux 8. mieux 9. mieux 10. meilleures 11. plus mal 12. le plus mal 13. pire/plus mauvaise 14. plus mal 15. pire/plus mauvais 16. plus mauvais/pire 17. plus mal/le plus mal 18. le plus mauvais/le pire 19. plus mauvais 20. (le) pire/(le) plus mauvais.

Grade Yourself

Circle the numbers of the questions you missed, then fill in the total incorrect for each topic. If you answered more than three questions incorrectly, you need to focus on that topic. (If a topic has less than three questions and you had at least one wrong, we suggest you study that topic also. Read your textbook, a review book, or ask your teacher for help.)

Subject: Le comparatif et le superlatif

Topic	Question Numbers	Number Incorrect
The comparative	**9.1:** 1, 2, 3, 4, 5, 6, 7, 8, 9, 10, 11, 12, 13, 14, 15, 16, 17, 18, 19, 20, 21, 22, 23, 24, 25	
The superlative	**9.2:** 1, 2, 3, 4, 5, 6, 7, 8, 9, 10, 11, 12, 13, 14, 15, 16, 17, 18, 19, 20, 21, 22, 23, 24, 25, 26, 27, 28, 29, 30	
Irregular comparatives and superlatives	**9.3:** 1, 2, 3, 4, 5, 6, 7, 8, 9, 10, 11, 12, 13, 14, 15, 16, 17, 18, 19, 20	

Le subjonctif

10

Brief Yourself

The subjunctive is a mood, not a tense. A mood describes the form of a verb that shows the subject's attitude toward an event. A mood may entail tenses, which deal with time reference. The indicative mood, for example, serves to present events as facts. It is composed of most of the tenses you have learned so far, including the *présent* (what happens or is happening), the *passé composé* (what happened), the *imparfait* (what was happening or used to happen), the *plus-que-parfait* (what had happened), the *futur* (what will happen), the *futur antérieur* (what will have happened), and so on. There are other moods, such as the *conditionel* (which has a present [what would happen if . . .] and a past tense [what would have happened if . . .]), which is used to express hypothetical situations. Finally, the *impératif* is also a mood governing direct command forms (*Do this!*).

The subjunctive (*subjonctif*)is a psychological mood, which deals with facts in an affective way. Although it exists in English, it is rarely used. It is common in French to express *feelings*, *judgments*, and *emotions*, as well as to state that the speaker considers an action *desirable*, *possible*, *doubtful*, or *uncertain*. Compare the following examples:

- *fact*
  Je sais que Paul *est* gentil.　　　　*I know Paul is nice.*

- *belief*
  Je crois que Paul *est* gentil.　　　　*I believe Paul is nice.*

but:

- *emotion*
  J'ai peur que Paul *soit* méchant.　　　*I am afraid Paul is nasty.*

- *wish*
  Je souhaite que Paul *soit* gentil.　　　*I wish Paul were nice.*

The subjunctive is not normally used alone. Mostly, it is "triggered" by a main verb expressing a wish, a necessity, an obligation, an emotion/feeling, a doubt, or a possibility. A sentence using the subjunctive therefore often follows this pattern:

Subject	+	Verb 1 [Indicative]	+	que	+	Subject	+	Verb 2 [Subjunctive]
Je		veux		qu'		il		vienne

I want him to come. (Literally, *I want that he come.*)

Test Yourself

10.1 The subjunctive

The present subjunctive form of most French verbs is formed by conjugating the verb in the third person plural (*ils/elles*) of the present indicative, withdrawing the final *-ent*, and adding the appropriate endings:

Subjunctive Stem +	Subjunctive Endings	
ils form of present minus *-ent*	je	*-e*
	tu	*-es*
	il	
	elle	*-e*
	on	
	nous	*-ions*
	vous	*-iez*
	ils/elles	*-ent*

Here are a few examples of regular verbs conjugated in the subjunctive:

Infinitive	parler		finir	dire	vendre
Present Stem	ils parlent *parl-*		finissent *finiss-*	disent *dis-*	vendent *vend-*
Subjunctive	que je	parle	finisse	dise	vende
	que tu	parles	finisses	dises	vendes
	qu'il/elle /on	parle	finisse	dise	vende
	que nous	parlions	finissions	disions	vendions
	que vous	parliez	finissiez	disiez	vendiez
	qu'ils/ elles	parlent	finissent	disent	vendent

Note: The *nous* and *vous* forms in the present subjunctive are identical to those of the imperfect indicative. (They are sometimes referred to as the "second stem" of the subjunctive of some verbs.)

Verb	Meaning	Stem I	Stem II
acheter	*to buy*	que j'achète	que nous achetions
appeler	*to call*	que j'appelle	que nous appelions
boire	*to drink*	que je boive	que nous buvions
espérer	*to hope*	que j'espère	que nous espérions
jeter	*to throw*	que je jette	que nous jetions
lever	*to raise*	que je lève	que nous levions
nettoyer	*to clean*	que je nettoie	que nous nettoyions
prendre	*to take*	que je prenne	que nous prenions
voir	*to see*	que je voie	que nous voyions

Exercices: Pour chaque verbe à l'infinitif, écrivez la troisième personne du pluriel et ensuite complétez les phrases avec le subjonctif de ces verbes.

Exemple:

manger: ils *mangent*/Il faut que nous *mangions*.

1. étudier: ils _____
   Il faut que nous _____ :
   il y a un examen de français demain.

2. lire: ils _____
   Il faut que je _____ ce
   roman pour mon cours d'anglais.

3. écrire: ils _____
   Il faut que Marc _____
   une lettre à Paul.

4. partir: ils _____
   Il faut que vous _____
   maintenant: vous êtes en retard!

5. répondre: ils _____
   Il faut que Luc _____
   aux questions du professeur.

6. se téléphoner: ils _____
   Il faut que Roméo et Juliette _____
   pour arranger un rendez-vous.

7. attendre: ils _____
   À la gare, il faut que les voyageurs
   _____ un taxi.

8. se dépêcher: ils _____
   Si le train est en retard, il faut que nous
   _____ pour
   arriver au travail à l'heure.

9. mettre: ils _____
   Il faut que je _____
   la table ce soir; c'est mon tour.

10. finir: ils _____
    Il faut que tu _____
    tes devoirs avant de sortir!

Exercices: *J'aimerais que....* Maman demande à ses enfants de faire quelque chose pour elle. Récrivez les phrases suivantes en commençant par "J'aimerais que..." suivi du subjonctif.

Exemple:

Paul doit dire la vérité.
J'aimerais que Paul dise la vérité.

11. Papa doit passer au centre commercial pour faire des courses.

    _____

    _____

12. Mélanie a besoin de se laver les cheveux.

    _____

    _____

13. Alain doit répondre à son correspondant canadien.

    _____

    _____

14. Jean-Pierre doit finir sa rédaction de français ce week-end.

    _____

    _____

15. Toi, tu dois apprendre ta leçon d'anglais.

    _____

    _____

16. Luc et toi, vous devez rendre visite à votre grand-mère.

    _____

    _____

17. Luc doit manger ses légumes à la cantine.

    _____

    _____

18. Nous avons tous besoin de prendre des vacances.

    _____

    _____

19. Mélanie doit éteindre sa lampe à 9 heures.

    _____

20. Les enfants, vous devez vous coucher de bonne heure.

    _____

10.2 The subjunctive of irregular verbs

The following verbs have irregular forms in the present subjunctive, which means that those forms have to be memorized.

Verb	Singular		Plural	
aller *to go*	que j' que tu qu'il/elle/on	aille ailles aille	que nous que vous qu'ils/elles	allions alliez aillent
être *to be*	que je que tu qu'il/elle/on	sois sois soit	que nous que vous qu'ils/elles	soyons soyez soient
pouvoir *to be able to*	que je que tu qu'il/elle/on	puisse puisses puisse	que nous que vous qu'ils/elles	puissons puissiez puissent
avoir *to have*	que j' que tu qu'il/elle/on	aie aies ait	que nous que vous qu'ils/elles	ayons ayez aient
faire *to do/make*	que je que tu qu'il/elle/on	fasse fasses fasse	que nous que vous qu'ils/elles	fassions fassiez fassent
savoir *to know*	que je que tu qu'il/elle/on	sache saches sache	que nous que vous qu'ils/elles	sachions sachiez sachent
vouloir *to want*	que je que tu qu'il/elle/on	veuille veuilles veuille	que nous que vous qu'ils/elles	voulions vouliez veuillent
falloir *to have to*	qu'il	faille		
pleuvoir *to rain*	qu'il	pleuve		

Exercices: Singulier ↔ Pluriel.

Exemples:

vous fassiez ⇒ *tu fasses*
je fasse ⇒ *nous fassions*

1. je veuille: _____

2. tu aies: _____

3. on puisse: _____

4. je sois: _____

5. tu ailles: _____

6. elles fassent: _____

7. vous sachiez: _____

8. nous allions: _____

9. vous puissiez: _____

10. ils veuillent: _____

10.3. Some uses of the subjunctive

The subjunctive is used after expressions of:

Necessity	Il faut que... Il est nécessaire que... Il vaut mieux que... Il est important que... Il est essentiel que...	j'aille au marché.
Doubt/ Uncertainty	Il (n') est (pas) possible que... Paul doute que... Il ne croit pas que...	je réussisse. tu puisses faire cela en 1 heure.
Desire/Will	J'aimerais que... Je veux que... Il exige que... Elle désire que... On souhaite que...	vous partiez maintenant.
Feelings Happiness	Je suis content que... Papa est ravi que... Il est heureux que...	tu ailles en France.
Regret	Je regrette que... Elle est désolée que... C'est dommage que... Il est triste que...	Lucien ne vienne pas.
Surprise	Je suis étonné que... Je suis surpris que...	Jacques parte si tôt.
Anger	Tu es fâchée que... Elle est furieuse que...	Robert sorte avec Aline.

Note: Although you might expect it to be, the subjunctive is *not* used after *penser*, *croire*, or *espérer* when they are used in the affirmative. It may be used after the negative or interrogative forms.

Examples:

J'espère que Marc *viendra.*
I hope Mark will come.

Espères-tu que Marc *viendra/vienne?*
Are you hoping Mark will come?

Je ne pense pas que Marc *vienne/viendra.*
I do not believe that Mark will come.

Note: Although *Il est possible que...* is followed by the subjunctive, the very close equivalent *Il est probable que...* triggers the indicative.

Examples:

Il est possible que Marc *vienne.*
It is possible that Mark will come.

Il est probable que Marc *viendra.*
It is likely that Mark will come.

Exercices: Complétez les phrases avec *avoir* ou *être* au subjonctif présent.

Exemple:

Il faut que tu _____ sage.
Il faut que tu *sois* sage.

1. Paul doute que vous _____ raison.

2. Je ne crois pas que Jacqueline _____ bonne en maths.

3. La maman a peur que son fils _____ soif.

4. Souhaitez-vous qu'elle _____ tort?

5. Il ne faut pas que nous _____ en retard!

6. Ils ne pensent pas que nous _____ de problèmes.

7. Hélène préfère que nous _____ là pour son opération.

8. Crois-tu qu'il n' _____ besoin de rien?

9. Il faut que vous _____ courageux dans cette circonstance.

10. Mes parents voudraient que je _____ heureuse.

Exercices: Remplacez l'expression soulignée par l'expression entre parenthèses. Faites les autres changements nécessaires.

Exemple:

Il est sûr que tu vas bien. (Il doute)
Il doute que tu ailles bien.

11. Il est probable que mes parents ne savent rien de tout cela. (Il est possible)

    _____

    _____

12. Je pense que deux et deux font sept. (Je ne pense pas)

    _____

    _____

13. Il est certain que tu prends des cours de guitare. (Il vaut mieux)

    _____

    _____

14. Nous savons que la grève continue. (Nous doutons)

    _____

    _____

15. <u>Elle croit</u> que je la connais. (Elle ne croit pas)

_____

_____

16. <u>Je suis sûr</u> que tu reçois beaucoup de courrier. (Je suis heureux)

_____

_____

17. <u>Ils espèrent</u> que vous jouez bien au ping-pong. (Ils désirent)

_____

_____

18. <u>Il est vrai</u> que nous lisons beaucoup. (Il faut)

_____

_____

19. <u>Ils sont certains</u> qu'il ne sait pas l'espagnol. (Ils regrettent)

_____

_____

20. <u>Je sais</u> que Paul viendra demain. (Je veux)

_____

_____

21. Je / être heureux / vous / pouvoir sortir.

_____

_____

22. Nous / espérer / il / faire / froid.

_____

_____

23. Il / ne pas être sûr / vous / dire la vérité.

_____

_____

24. Vous / douter / il / avoir vu / le film.

_____

_____

25. Je / croire / elle / être / malade.

_____

_____

26. Elle / avoir peur / l'enfant / s'ennuyer.

_____

_____

27. Je / exiger / il / se coucher / de bonne heure.

_____

_____

Exercices: Combinez les phrases suivantes en une seule phrase, et écrivez entre parenthèses si le verbe de la proposition subordonnée est au subjonctif ou à l'indicatif.

Exemple:

Je / souhaiter / vous / venir / me voir.
Je souhaite que vous veniez me voir. (subjonctif)

28. Elle / chercher / professeur / qui / l'avoir aidée.

_____

_____

29. Ils / ne pas penser / amis de Stéphane / pouvoir / venir.

_____

_____

30. Tu / nier [*deny*]/ cet homme / être / coupable?

_____

_____

10.4 Conjunctions with the subjunctive

Some conjunctions trigger the use of the subjunctive in the following verb. Here are some of them.

Conjunction expressing:		Meaning	Example
Time	avant que	*before*	Viens me voir avant que je *parte*.
	jusqu'à ce que	*until*	Je reste jusqu'à ce que Paul *revienne*.
Purpose	afin que pour que	*so that*	La mère de Paul a beaucoup travaillé afin/pour qu'il *puisse* devenir médecin.
Restriction	bien que quoique	*although/even though*	Bien que tu *sois* mon ami, je ne comprends pas toujours tes actions.
	pourvu que à condition que	*provided that*	Je viendrai demain pourvu que tu *fasses* une belle tarte aux pommes.
	sans que	*without*	Il est parti sans que je lui *dise* au revoir.
	à moins que	*unless*	Je viendrai te voir à moins qu'il *fasse* trop froid.

Exercices: Récrivez les phrases suivantes en utilisant les conjonctions entre parenthèses. Faites les changements nécessaires.

Exemple:

Téléphonez-lui. Je pars. (avant que)
Téléphonez-lui avant que je parte.

1. Vous pouvez venir me voir. Paul viendra avec vous. (à condition que)

   _____

   _____

2. Je vais acheter ce livre. Il ne m'intéresse pas. (bien que)

   _____

   _____

3. Paul ne peut pas sortir. Sa mère est d'accord. (sans que)

   _____

   _____

4. Nous devons nous dépêcher. Papa ne nous attendra pas. (pour que)

   _____

   _____

5. Je vais aller au cinéma seul. Tu viens avec moi. (à moins que)

   _____

   _____

6. Ils ne l'ont pas punie. Elle ne recommencera pas. (à condition que)

   _____

   _____

7. Lucien travaille beaucoup. Il ne gagne pas beaucoup d'argent. (bien que)

   _____

   _____

8. Leur mère ne s'inquiète pas. Ils lui donnent un coup de téléphone. (pourvu que)

   _____

   _____

9. Parlez-lui. Quelqu'un d'autre le fera. (avant que)

   _____

   _____

10. Nous irons à la montagne. Il neigera. (à condition que)

    _____

    _____

10.5 When not to use the subjunctive

When students first learn the subjunctive mood, they have a tendency to "overuse" it.

- Although verbs in the subjunctive are usually found in clauses introduced by *que*, not all clauses introduced by *que* will be in the subjunctive.

Examples:

Je sais que tu *viendras* demain.
I know you will come tomorrow.

Paul espère que tu le *comprends.*
Paul hopes you understand him.

- Some conjunctions always require *the indicative*, and some *the infinitive* (when there is no change of subject) instead of the subjunctive. Here are a few:

conjunction	+ indicative	+ infinitive	Examples
because	parce que		Je pars parce que je *suis* triste.
since	puisque		Paul est content puisqu'il *a réussi* à son examen.
without		sans	Il travaille sans *s'arrêter*. *But:* Il est venu *sans que* je le *voie*.
in order to		pour	Il étudie pour *devenir* médecin. *But:* Il vient *pour que* tu *puisses* tout lui expliquer.
before		avant de	Paul est parti avant de me *dire* au revoir. *But:* Pars *avant que* je me *mette* en colère!
so as to		afin de	Je travaille afin de *vivre*. *But:* Je travaille *afin que* tu *puisses* faire des études à l'université.

- Likewise, when the subject of a subordinate clause (S2) is the same as the subject of the main clause (S1), the infinitive is used instead of *que* followed by the subjunctive. In other words, when S1 is different from S2, the subjunctive is used.

Example:

Je suis triste que Paul parte aujourd'hui.
I (= S1) *am sad that Paul* (= S2) *is leaving today.*

When S1 is the same as S2, the infinitive is used. (**Note:* verbs of emotion will take *de* before the infinitive; other verbs do not take anything.)

Example:

Je suis *triste de partir* aujourd'hui.
I (= S1) *am sad to leave today.*

Instead of: **I* (= S1) *am sad that I* (= S1) *leave today.*

Exercices: Subjonctif ou *indicatif?* Complétez avec la forme correcte du verbe entre parenthèses.

Exemples:

Il est sûr que le professeur ne _____ jamais de fautes. (faire)
Il est sûr que le professeur ne *fait* jamais de fautes.

Il faut que les étudiants _____ dans un pays francophone. (aller)
Il faut que les étudiants *aillent* dans un pays francophone.

1. C'est dommage que vous _____ toujours en retard. (être)

2. Il est possible que Paul _____ en ce moment. (dormir)

3. Nous mangeons pendant qu'il _____ du café. (boire)

4. Êtes-vous sûr qu'elle _____ la vérité? (savoir)

5. Nous étudierons jusqu'à ce que notre ami _____. (venir)

6. Il est surprenant que tu _____ encore au Père Noël. (croire)

7. Mes amis savent que je ne _____ pas à cette idée. (tenir)

8. Elles espèrent qu'on _____ à l'heure. (finir)

9. Je viens d'acheter une voiture bien que je _____ de l'argent. (devoir)

10. Il vaut mieux que nous _____ tout de suite. (sortir)

Exercices: Indicatif, infinitif, ou *subjonctif?* Conjuguez les verbes dans le mode qui convient, selon les conjonctions utilisées.

Exemple:

Sa sœur étudie pour _____ médecin. (devenir)
Sa sœur étudie pour *devenir* médecin.

11. J'aimerais te parler avant que tu _____ ce matin. (s'en aller)

12. Elle part parce qu'elle _____ fatiguée. (être)

13. Mes amis travaillent pour _____ un voyage au Tibet. (faire)

14. Nous sommes partis sans _____ la porte à clé. (fermer)

15. J'irai au cinéma avec toi à condition que Marc ne _____ pas avec nous. (venir)

16. Lucie veut travailler sans que ses parents le _____. (savoir)

17. Puisque tu _____ aller à la bibliothèque, tu peux faire des courses en même temps. (vouloir)

18. Nous sommes en colère parce que tu _____ toujours. (désobéir)

19. Je vais leur donner 100 francs bien qu'ils ne les _____ pas. (mériter)

20. Tu devrais lui parler avant de _____. (partir)

Exercices: Infinitif ⇒ *subjonctif.* Transformez les phrases suivant l'exemple.

Exemple:

J'aimerais rencontrer son amie. (tu)
J'aimerais que tu rencontres son amie.

21. Hélène veut jouer aux échecs (*chess*) avec toi. (je)

_____

_____

22. Jean voudrait voir le match de football. (nous)

_____

_____

23. Ils veulent acheter une maison. (vous)

_____

_____

24. Aline veut aller voir le médecin. (tu)

_____

_____

25. Je voudrais finir ces devoirs aujourd'hui. (elles)

_____

26. Max aimerait savoir nager. (Pauline)

_____

_____

27. Je veux partir dès (*as early as*) demain. (mes cousins)

_____

_____

28. Nous aimerions acheter du vin. (vous)

_____

_____

29. Vous refusez de conduire. (elle)

_____

_____

30. J'ai peur d'aller en prison. (Jacques)

_____

_____

✓ Check Yourself

10.1   (The subjunctive)

1. étudient, étudiions 2. lisent, lise 3. écrivent, écrive 4. partent, partiez 5. répondent, réponde 6. se téléphonent, se téléphonent 7. attendent, attendent 8. se dépêchent, nous dépêchions 9. mettent, mette 10. finissent, finisses 11. J'aimerais que Papa passe au centre commercial pour faire des courses. 12. J'aimerais que Mélanie se lave les cheveux. 13. J'aimerais qu'Alain réponde à son correspondant canadien. 14. J'aimerais que Jean-Pierre finisse sa rédaction de français ce weekend. 15. J'aimerais que tu apprennes ta leçon d'anglais. 16. J'aimerais que Luc et toi rendiez visite à votre grand-mère. 17. J'aimerais que Luc mange ses légumes à la cantine. 18. J'aimerais que nous prenions tous des vacances. 19. J'aimerais que Mélanie éteigne sa lampe à 9 heures. 20. J'aimerais que vous vous couchiez de bonne heure, les enfants.

10.2   (The subjunctive of irregular verbs)

1. nous voulions 2. vous ayez 3. ils puissent 4. nous soyons 5. vous alliez 6. elle fasse 7. tu saches 8. j'aille 9. tu puisses 10. il veuille

10.3   (Some uses of the subjunctive)

1. ayez 2. soit 3. ait 4. ait 5. soyons 6. ayons 7. soyons 8. ait 9. soyez 10. sois 11. Il est possible que mes parents ne sachent rien de tout cela. 12. Je ne pense pas que deux et deux fassent sept. 13. Il vaut mieux que tu prennes des cours de guitare. 14. Nous doutons que la grève continue. 15. Elle ne croit pas que je la connaisse. 16. Je suis heureux que tu reçoives beaucoup de courrier. 17. Ils désirent que vous jouiez bien au ping-pong. 18. Il faut que nous lisions beaucoup. 19. Ils regrettent qu'il ne sache pas l'espagnol. 20. Je veux que Paul vienne demain. 21. Je suis heureux que vous puissiez sortir. (subjonctif) 22. Nous espérons qu'il fera froid. (indicatif) 23. Il n'est pas sûr que vous disiez la vérité. (subjonctif) 24. Vous doutez qu'il ait vu le film. (subjonctif) 25. Je crois qu'elle est malade. (indicatif) 26. Elle a peur que l'enfant s'ennuie. (subjonctif) 27. J'exige qu'il se couche de bonne heure.

(subjonctif) 28. Elle cherche le professeur qui l'a aidée. (indicatif) 29. Ils ne pensent pas que les amis de Stéphane puissent venir. (subjonctif) 30. Tu nies que cet homme soit coupable? (subjonctif).

10.4 (Conjunctions with the subjunctive)

1. Vous pouvez venir me voir à condition que Paul vienne avec vous. 2. Je vais acheter ce livre bien qu'il ne m'intéresse* pas. 3. Paul ne peut pas sortir sans que sa mère soit d'accord. 4. Nous devons nous dépêcher pour que Papa ne nous attende pas. 5. Je vais aller au cinéma seul à moins que tu viennes avec moi. 6. Ils ne l'ont pas punie à condition qu'elle ne recommence* pas. 7. Lucien travaille beaucoup bien qu'il ne gagne* pas beaucoup d'argent. 8. Leur mère ne s'inquiète pas pourvu qu'ils lui donnent* un coup de téléphone. 9. Parlez-lui avant que quelqu'un d'autre le fasse. 10. Nous irons à la montagne à condition qu'il neige*.

*Attention! Ces verbes sont au subjonctif, mais leur forme est la même qu'au présent de l'indicatif.

10.5 (When not to use the subjunctive)

1. soyez 2. dorme 3. boit 4. sache 5. vienne 6. croies 7. tiens 8. finira 9. doive 10. sortions 11. t'en ailles 12. est 13. faire 14. fermer 15. vienne 16. sachent 17. veux 18. désobéis 19. méritent [subjonctif] 20. partir 21. Hélène veut que je joue aux échecs avec toi. 22. Jean voudrait que nous voyions le match de football. 23. Ils veulent que vous achetiez une maison. 24. Aline veut que tu ailles voir le médecin. 25. Je voudrais qu'elles finissent ces devoirs aujourd'hui. 26. Max aimerait que Pauline sache nager. 27. Je veux que mes cousins partent dès demain. 28. Nous aimerions que vous achetiez du vin. 29. Vous refusez qu'elle conduise. 30. J'ai peur que Jacques aille en prison.

Grade Yourself

Circle the numbers of the questions you missed, then fill in the total incorrect for each topic. If you answered more than three questions incorrectly, you need to focus on that topic. (If a topic has less than three questions and you had at least one wrong, we suggest you study that topic also. Read your textbook, a review book, or ask your teacher for help.)

Subject: *Le subjonctif*

Topic	Question Numbers	Number Incorrect
The subjunctive	**10.1:** 1, 2, 3, 4, 5, 6, 7, 8, 9, 10, 11, 12, 13, 14, 15, 16, 17, 18, 19, 20	
The subjunctive of irregular verbs	**10.2:** 1, 2, 3, 4, 5, 6, 7, 8, 9, 10	
Some uses of the subjunctive	**10.3:** 1, 2, 3, 4, 5, 6, 7, 8, 9, 10, 11, 12, 13, 14, 15, 16, 17, 18, 19, 20, 21, 22, 23, 24, 25, 26, 27, 28, 29, 30	
Conjunctions with the subjunctive	**10.4:** 1, 2, 3, 4, 5, 6, 7, 8, 9, 10	
When not to use the subjunctive	**10.5:** 1, 2, 3, 4, 5, 6, 7, 8, 9, 10, 11, 12, 13, 14, 15, 16, 17, 18, 19, 20, 21, 22, 23, 24, 25, 26, 27, 28, 29, 30	

La possession

Brief Yourself

11.1 Possessive adjectives

Possessive adjectives are used in French and in English (*my, your, his, her, its, our, your, their*) to indicate ownership and relationships of various kinds. The possessive adjectives in French are the following:

Subject	Masculine	Feminine	Feminine + vowel	Plural	Meaning
je	mon	ma	mon	mes	*my*
tu	ton	ta	ton	tes	*your*
il, elle, on	son	sa	son	ses	*his, her*
nous	notre			nos	*our*
vous	votre			vos	*your*
ils, elles	leur			leurs	*their*

Note: Contrary to English usage, in French, possessive adjectives agree in gender and number with the noun they modify.

Example:

J'aime beaucoup *son* livre. (*le* livre de Marie ou de Jacques)
I really like her *book.* (Mary's *book*)
I really like his *book.* (Jack's *book*)

Therefore, there is no way to distinguish between his (Jack's) or her (Mary's) book by using the possessive adjective.

When a feminine singular noun modified by the possessive adjective begins with a vowel, use the masculine form of the adjective (*mon, ton, son*).

Examples:

J'ai rencontré *mon* amie hier.
I met my (girl)friend yesterday.

Ton écriture est parfaite!
Your handwriting is perfect.

Son école est petite.
His/her school is small.

The distinction between *son*, *ses*, *leur*, and *leurs* is one that may be hard to grasp. Study the following chart:

	one thing possessed		several things possessed	
one possessor	**son** livre	*his/her book*	**ses** livres	*his/her books*
several possessors	**leur** livre	*their book*	**leurs** livres	*their books*

Test Yourself

Exercices: Complétez par *mon*, *ma*, ou *mes*, selon le cas.

1. _____ ami

2. _____ stylo

3. _____ bière

4. _____ chaussures

5. _____ café

6. _____ livres

7. _____ voiture

8. _____ maison

9. _____ enfants

10. _____ professeur

Exercices: Complétez par *ton*, *ta*, ou *tes*, selon le cas.

11. _____ village

12. _____ assiette

13. _____ vacances

14. _____ vêtements

15. _____ livre

16. _____ tante

17. _____ médecin

18. _____ carte d'identité

19. _____ lettres

20. _____ montre

Exercices: Complétez par *son*, *sa*, ou *ses*, selon le cas.

21. _____ sœur

22. _____ train

23. _____ limonade

24. _____ oncles

25. _____ chaussette

26. _____ explication

27. _____ verre

28. _____ français

29. _____ amie

30. _____ femme

Exercices: Complétez selon le modèle.

Exemples:

le livre / j'ai ⇒ *J'ai mon livre.*
la voiture / tu as ⇒ *Tu as ta voiture.*
les devoirs / il a ⇒ *Il a ses devoirs.*

31. les lettres / il a

_____

32. la brosse à dents / j'ai

_____

33. la montre / tu as

_____

34. le vélo / j'ai

_____

35. la valise / tu as

_____

36. le passeport / elle a

_____

37. l'adresse / il a

_____

38. la carte d'identité / j'ai

_____

39. les lunettes / tu as

_____

40. le parapluie / elle a

_____

Exercices: Transformez les phrases suivant le modèle.

Exemples:

C'est la nièce de Paul. ⇒ *C'est sa nièce.*
Ce sont les clés d'Antoine. ⇒ *Ce sont ses clés.*

41. C'est le grand-père de Marc.

_____

42. Ce sont les clés de Janine.

_____

43. Ce sont les devoirs de Jacques.

_____

44. C'est la cousine d'Hélène.

_____

45. C'est le verre du professeur.

_____

46. Ce sont les chaussures d'Émile.

_____

47. C'est l'agenda de Sophie.

_____

48. Ce sont les manteaux de Louise.

_____

49. C'est la trompette de Guy.

_____

50. Ce sont les patients du docteur.

_____

Exercices: Faites des phrases avec *notre, votre, leur*, et *nos, vos, leurs*, selon le besoin.

Exemples:

la voiture / à nous ⇒ *C'est notre voiture.*
les chaussons / à vous ⇒ *Ce sont vos chaussons.*
l'ordinateur / à elles ⇒ *C'est leur ordinateur.*
les clés / à eux ⇒ *Ce sont leurs clés.*

51. l'appartement / à nous

_____

52. le baladeur (*headset*) / à eux

_____

53. le CD / à elles

_____

54. les cassettes / à vous

_____

55. le livre / à nous

_____

56. les livres / à nous

_____

57. la télévision / à eux

_____

58. les assiettes / à vous

_____

59. les chemises / à eux

_____

60. la voiture / à vous

_____

Exercices: Formulez les questions et répondez.

Exemples:

le stylo / à toi (oui) ⇒
— *Ce stylo est à toi?*
— *Oui, c'est mon stylo.*
la maison / à eux (non) ⇒
— *Cette maison est à eux?*
— *Non, ce n'est pas leur maison.*

61. l'ordinateur / à lui (oui)
— _____

— _____

62. les vêtements / à nous (non)
— _____

— _____

63. la voiture / à elles (non)
— _____

— _____

64. les cassettes / à vous (oui)
— _____

— _____

65. le passeport / à toi (non)

— _____

— _____

66. la serviette / à moi (non)

— _____

— _____

67. les disques / à eux (oui)

— _____

— _____

68. les pommes / à elles (oui)

— _____

— _____

69. le journal / à vous (non)

— _____

— _____

70. les livres / à elle (oui)

— _____

— _____

11.2 Possessive pronouns

Possessive pronouns are used to replace nouns introduced by a possessive adjective. (See table below.)

Exemple:

Ce n'est pas la voiture de Paul, c'est la mienne!
It is mine.

The possessive pronoun consists of two parts: a definite article (*le, la, les*) + possessive.

Exercices: La vieille caisse au grenier. On vient de retrouver une caisse (*a box*) où chaque membre de la famille a laissé des affaires. Aidez à remettre de l'ordre dans la caisse en utilisant les pronoms possessifs.

Exemples:

C'est le stylo de Paul. ⇒ Oui, *c'est le sien.*
Ce sont nos photos. ⇒ Oui, *ce sont les nôtres.*

1. Ce sont les lunettes de Marc?
   Oui, _____

2. C'est la robe de maman?
   Oui, _____

3. Ce sont les magazines de Juliette?
   Oui, _____

4. Ce sont les valises (*suitcases*) de Jules et de Marc?
   Oui, _____

5. C'est le baladeur d'Irène?
   Oui, _____

6. C'est ton T-shirt, Papa?
   Oui, _____

	SINGULAR		PLURAL		English equivalent
Subject	Masculine	Feminine	Masculine	Feminine	
je	le mien	la mienne	les miens	les miennes	*mine*
tu	le tien	la tienne	les tiens	les tiennes	*yours*
il/elle/on	le sien	la sienne	les siens	les siennes	*his/hers/its*
nous	le nôtre	la nôtre	les nôtres		*ours*
vous	le vôtre	la vôtre	les vôtres		*yours*
ils/elles	le leur	la leur	les leurs		*theirs*

7. Ce sont mes chaussures?
   Oui, _____

8. Ce sont vos jeans?
   Oui, _____

9. Ce sont les jouets des jumeaux (*twins*) ?
   Oui, _____

10. C'est la veste de Julien?
    Oui, _____

Exercices: Jean et Paul font du camping, mais Paul a oublié d'apporter beaucoup de choses. Il demande à Jean de lui prêter (*lend*) tout ce qui lui manque. Faites les phrases de Paul en suivant le modèle.

Exemple:

J'ai oublié mon couteau, peux-tu me prêter *le tien*?

11. J'ai oublié mes chaussures de tennis, peux-tu me prêter

    _____?

12. J'ai oublié mon savon, peux-tu me prêter

    _____?

13. J'ai oublié ma lampe de poche, peux-tu me prêter

    _____?

14. J'ai oublié mes chaussettes chaudes, peux-tu me prêter

    _____?

15. J'ai oublié mon blouson, peux-tu me prêter

    _____?

16. J'ai oublié mon sac de couchage (*sleeping bag*), peux-tu me prêter

    _____?

17. J'ai oublié mes petits gâteaux (*cookies*), peux-tu me donner

    _____?

18. J'ai oublié mon dentifrice (*toothpaste*), peux-tu me prêter

    _____?

19. J'ai oublié mes gants, peux-tu me prêter

    _____?

20. Paul! Est-ce que tu as oublié ta tête? Je ne peux pas te prêter

    _____!

Exercices: *Les vacances des Durand*. La famille Durand part en vacances en Floride. Madame Durand essaie de s'assurer que tout est prêt. Remplacez les noms en italiques par les pronoms possessifs qui conviennent.

Exemple:

J'ai mon sac. Et toi, Paul, est-ce que tu as *ton sac*? *Et toi, Paul, est-ce que tu as **le tien***?

21. J'ai mon passeport. *Et* toi, Paul, est-ce que tu as *ton passeport*?

    _____

22. Et vous, les enfants, est-ce que vous avez *vos passeports*?

    _____

23. J'espère que grand-mère n'a pas oublié *son passeport*!

    _____

24. Nous avons nos valises. Et vous, est-ce que vous avez *vos valises*?

    _____

25. Pensez-vous que les Dubois ont *leurs valises*?

    _____

26. J'espère qu'Henri n'a pas oublié *sa valise*!

_____

27. Alain, tu as bien pris notre appareil-photo? Je me demande si les Dubois ont pensé à prendre *leur appareil-photo*?

_____

28. Les enfants, vous êtes sûrs que vous avez vos maillots de bain (*swimsuits*)? J'ai peur d'avoir oublié *mon maillot de bain*.

_____

29. Les Dubois n'ont certainement pas oublié *leurs maillots de bain*, parce qu'ils adorent nager.

_____

_____

30. Et toi, Paul, sais-tu où est *ton maillot de bain*?

_____

Check Yourself

11.1 (Possessive adjectives)

1. mon 2. mon 3. ma 4. mes 5. mon 6. mes 7. ma 8. ma 9. mes 10. mon 11. ton 12. ton* 13. tes 14. tes 15. ton 16. ta 17. ton 18. ta 19. tes 20. ta 21. sa 22. son 23. sa 24. ses 25. sa 26. son* 27. son 28. son 29. son* 30. sa 31. Il a ses lettres. 32. J'ai ma brosse à dents. 33. Tu as ta montre. 34. J'ai mon vélo. 35. Tu as ta valise. 36. Elle a son passeport. 37. Il a son* adresse. 38. J'ai ma carte d'identité. 39. Tu as tes lunettes. 40. Elle a son parapluie 41. C'est son grand-père. 42. Ce sont ses clés. 43. Ce sont ses devoirs. 44. C'est sa cousine. 45. C'est son verre. 46. Ce sont ses chaussures. 47. C'est son* agenda. 48. Ce sont ses manteaux. 49. C'est sa trompette. 50. Ce sont ses patients. 51. C'est notre appartement. 52. C'est leur baladeur. 53. C'est leur CD. 54. Ce sont vos cassettes. 55. C'est notre livre. 56. Ce sont nos livres. 57. C'est leur télévision. 58. Ce sont vos assiettes. 59. Ce sont leurs chemises. 60. C'est votre voiture. 61. Cet ordinateur est à lui? — Oui, c'est son ordinateur. 62. Ces vêtements sont à nous? — Non, ce ne sont pas nos vêtements. 63. Cette voiture est à elles? — Non, ce n'est pas leur voiture. 64. Ces cassettes sont à vous? — Oui, ce sont mes/nos cassettes. 65. Ce passeport est à toi? — Non, ce n'est pas mon passeport. 66. Cette serviette est à moi? — Non, ce n'est pas ta serviette. 67. Ces disques sont à eux? — Oui, ce sont leurs disques. 68. Ces pommes sont à elles? — Oui, ce sont leurs pommes. 69. Ce journal est à vous? — Non, ce n'est pas mon/notre journal. 70. Ces livres sont à elle? — Oui, ce sont ses livres.

*Remember, you need to use the masculine possessive adjective in front of a feminine singular noun that begins with a vowel.

11.2 (Possessive pronouns)

1. ce sont les siennes. 2. c'est la sienne. 3. ce sont les siens. 4. ce sont les leurs. 5. c'est le sien. 6. c'est le mien. 7. ce sont les tiennes. 8. ce sont les nôtres. 9. ce sont les leurs. 10. c'est la sienne. 11. les tiennes 12. le tien 13. la tienne 14. les tiennes 15. le tien 16. le tien 17. les tiens 18. le tien 19. les tiens 20. la mienne 21. est-ce que tu as le tien? 22. est-ce que vous avez les vôtres? 23. j'espère que grand-mère n'a pas oublié le sien! 24. est-ce que vous avez les vôtres? 25. Pensez-vous que les Dubois ont les leurs? 26. J'espère qu'Henri n'a pas oublié la sienne! 27. Je me demande si les Dubois ont pensé à prendre le leur. 28. J'ai peur d'avoir oublié le mien. 29. Les Dubois n'ont certainement pas oublié les leurs, parce qu'ils adorent nager. 30. sais-tu où est le tien?

Grade Yourself

Circle the numbers of the questions you missed, then fill in the total incorrect for each topic. If you answered more than three questions incorrectly, you need to focus on that topic. (If a topic has less than three questions and you had at least one wrong, we suggest you study that topic also. Read your textbook, a review book, or ask your teacher for help.)

Subject: *La possession*

Topic	Question Numbers	Number Incorrect
Possessive adjectives	**11.1:** 1, 2, 3, 4, 5, 6, 7, 8, 9, 10, 11, 12, 13, 14, 15, 16, 17, 18, 19, 20, 21, 22, 23, 24, 25, 26, 27, 28, 29, 30, 31, 32, 33, 34, 35, 36, 37, 38, 39, 40, 41, 42, 43, 44, 45, 46, 47, 48, 49, 50, 51, 52, 53, 54, 55, 56, 57, 58, 59, 60, 61, 62, 63, 64, 65, 66, 67, 68, 69, 70	
Possessive pronouns	**11.2:** 1, 2, 3, 4, 5, 6, 7, 8, 9, 10, 11, 12, 13, 14, 15, 16, 17, 18, 19, 20, 21, 22, 23, 24, 25, 26, 27, 28, 29, 30	

Les prépositions

Brief Yourself

12.1 Prepositions

A preposition is an invariable word (a word that never changes its form) that is used to establish a relationship between two words. Prepositions can connect [1] a verb to a noun, [2] a noun to a verb in the infinitive, [3] an adjective to a noun, [4] two nouns, or [5] two verbs. Study the following examples:

[1] Gandhi a travaillé **pour** la paix.　　　*Gandhi worked for peace.*

[2] une chambre **à** coucher　　　*bedroom*

[3] Paul était rouge **de** colère.　　　*Paul was red with anger.*

[4] C'est la clé **de** la voiture.　　　*It's the key to the car. / It's the car key.*

[5] Paul essaie **de** se reposer.　　　*Paul is trying to rest.*

Prepositions in any language are very tricky because they are not always logical, yet they play a key role in determining what kind of (object or relative) pronoun to use. You should never assume that a preposition in English translates into its equivalent in French. Here are a few examples of differences in prepositional behaviors from French to English:

The preposition differs:

*to be angry **with***　　　être en colère **contre** (= *against*)

***on** the train*　　　**dans** le train (= *in*)

The preposition is not used in the other language:

*to wait **for** (someone)*　　　attendre (quelqu'un)

*to look **at** (something)*　　　regarder (quelque chose)

*to listen **to** (the radio)*　　　écouter (la radio)

to enter (a room)　　　entrer **dans** (une pièce)

to call (someone)　　　téléphoner **à** (quelqu'un)

These are but a few examples. It is best to learn new verbs with their preposition: for example, do not learn that *attendre* means *to wait*, but rather that *attendre quelqu'un* means *to wait for someone*, and so on.

Also, keep in mind that some verbs mean different things, depending on the preposition with which they come. Think about the difference in meaning in English between *to look forward to* and *to look after*. Now, a French example: *être à* means *to belong to* (*Ce livre est à moi*), whereas *être de* means *to come from* (*Je suis de Paris*). Dictionaries can help you figure out what prepositions are required with verbs that you need to use. This chapter will concentrate on a few basic problems you may encounter when dealing with prepositions, but it does not reflect the complexity of "the whole picture." Here are the most common prepositions:

Preposition	Standard Meaning	Examples
à	*to* *in*	Je vais **à** la piscine/**au** Canada. Paul parle **à** ses amis. Il habite **au** Mexique.
avec	*with*	Je suis allé au cinéma **avec** Micheline. — Tu veux un café? — **Avec** plaisir!
chez	*in/to/at someone's home or workplace*	Je rentre **chez** moi. (= *home*) Isabelle n'était pas **chez** Loïc. Je dois aller **chez** le dentiste! Il faut que tu passes **chez** le boucher.
dans	*in/inside* (place) *in/within* (time)	Nous sommes **dans** le salon. Le train partira **dans** une heure.
de	*from* *of* (*possession*) *about*	Je viens **de** Paris. La voiture **de** mon frère est bleue. Nous parlons souvent **de** politique.
en	*in* *by* *(with) in*	Marielle habite **en** Chine. Elle est venue ici **en** avion. Lucette a écrit cette histoire **en** trois jours.
entre	*between*	Alain est assis **entre** Paul et Luc.
par	*by* *through* *a* (*time*)	Il est passé **par** la banque. Hélène a jeté le livre **par** la fenêtre. Je lui parle trois fois **par** mois/jour. (*three times a month/day*)
pour	*to* *for* *in order to*	Marc apprend le français **pour** travailler en France. Ce cadeau est **pour** toi. Gaëtan étudie **pour** devenir médecin.
sans	*without*	Samuel est parti **sans** dire au revoir. Il est parti **sans** son manteau.
sous	*under*	Mon chat est **sous** le lit.
sur	*on*	Le livre est **sur** le bureau.

Remember! The prepositions **à** and **de** undergo the following changes before an article (see chapter 5):

	le	*la*	*l'*	*les*
à	*au* garçon	**à la** dame	**à l'**ami(e)	**aux** enfants
de	*du* garçon	**de la** dame	**de l'**ami(e)	**des** enfants

Test Yourself

Exercices: Complétez les phrases suivantes avec *au, à la*, ou *chez*.

Exemple:

— Aline va *au* cinéma?
— Non, elle va *à la* piscine.

1. — Julien va _____ patinoire?

2. — Non, il va _____ Henri.

3. — Tu viens avec moi _____ restaurant?

4. — Non, merci. Je préfère rester _____ maison ce soir.

5. — Vous venez _____ moi?

6. — Non, nous avons décidé d'aller _____ centre commercial.

7. — Lucienne va _____ Hubert?

8. — Non, elle est déjà _____ café.

9. — Pauline vit _____ campagne?

10. — Oui, elle habite _____ ses parents.

Exercices: Complétez les phrases suivantes avec *à* ou *de*.

Exemple:

Marc essaie *de* parler français.

11. Roland est gros parce qu'il n'arrête pas _____ manger.

12. Mon ami Rodolphe pense toujours _____ son travail.

13. Pendant l'été, nous essayons _____ faire une promenade tous les jours.

14. Le nouveau bébé ressemble _____ son père.

15. Hélène essaie _____ écrire des romans policiers.

16. Les enfants ont-ils fini _____ manger?

17. J'ai commencé _____ jouer au golf à 45 ans.

18. Bien qu'il ait fini ses études, Maurice continue _____ suivre des cours.

19. Il nous a dit _____ rentrer chez nous.

20. Si tu ne rentres pas à Noël, il faut que tu téléphones _____ tes parents.

Exercices: Répondez aux questions en suivant le modèle.

Exemple:

Sophie aime habiter en ville? (campagne)
Non, *elle préfère habiter à la campagne.*

21. Vous aimez aller à la patinoire? (piscine)
Non, _____

22. Vous aimez passer vos vacances à la montagne? (mer)
Non, _____

23. Tu veux aller au café? (cinéma)
Non, _____

24. Ils aiment jouer à la pétanque (*lawn bowling*)? (tennis)
Non, _____

25. Murielle aime aller au café? (bibliothèque)
Non, _____

26. Tu aimes passer tes weekends à la campagne? (Paris)
Non, _____

27. Pierre aime jouer de la batterie (*drums*)? (piano)
Non, _____

28. Lucien aime étudier à la bibliothèque? (maison)
Non, _____

29. Claudine aime aller au centre commercial? (plage)
Non, _____

30. Vraiment? Vous aimez manger à la cantine? (restaurant)
Non, _____

Exercices: Complétez les phrases suivantes avec l'une des prépositions suivantes: *à, de, en, par, pour, dans,* ou *chez.* Attention! Plusieurs réponses sont parfois possibles.

Exemple: Jacques étudie *à la* bibliothèque.

31. Moi, je préfère rester _____ moi; c'est plus confortable.

32. — Quand pars-tu _____ Madrid, Laurent?

33. — Je pars _____ une semaine.

34. Il faut que je passe _____ la boulangerie pour acheter un pain.

35. — Eric, as-tu déjà téléphoné _____ Yvonne?

36. — Non, je vais lui téléphoner _____ cinq minutes.

37. Les étudiants parlent souvent _____ leurs professeurs.

38. J'ai oublié mon livre _____ la voiture de Marc!

39. Denise veut passer les vacances _____ ses amis en Floride.

40. Ce train vient d'arriver _____ Paris.

12.2 Prepositions with geographical names

	Je vais...	Je viens...
Cities	**à** Chicago.	de Chicago.
Feminine countries	**en** France.	**de** France.
Masculine countries	**au** Canada. **aux** États-Unis.	**du** Canada. **des** États-Unis. [**de** + definite article]

	Je vais...	Je viens...
Masculine countries beginning with a vowel	**en** Afghanistan.	**d'**Afghanistan.
Feminine states	**en** Floride.	**de** Floride.
Masculine states	**dans** le Vermont. [**dans le (l')** or **dans l'état de (d')**]	du Vermont [**du**]
States beginning with a vowel	**en** Iowa.	**d'**Iowa.

Note 1: Most countries whose names end in *-e* are feminine. Exceptions include *le Mexique, le Cambodge, le Zaïre.* All others are masculine.

Note 2: To express that you are coming from or going to an American state or a Canadian province, *en* is usually used before feminine states and provinces, or those that start with a vowel. There does not seem to be any clear consensus for other places. The safest way to refer to a North American state or province is to say *dans/de l'état de...* or *dans/de la province de....*

Exercices: Complétez les phrases suivantes avec *au* ou *aux.*

Exemple:

J'ai voyagé **aux** Antilles.

1. Vous prenez des vacances _____ Bahamas cette année?

2. Ma cousine travaille _____ États-Unis depuis cinq ans.

3. J'habite _____ Portugal, et vous?

4. Je suis professeur de français _____ Canada.

5. Le docteur Marcel fait des recherches _____ Bengladesh.

6. Que faites-vous _____ Pays-Bas?

7. Bertrand a fait un voyage _____ Philippines.

8. Maintenant, il aimerait aller _____ Pérou.

9. Est-ce que vous sortez souvent _____ restaurant?

10. J'assiste toujours _____ travaux pratiques (*labs*) du professeur.

Exercices: Complétez les phrases suivantes avec *au* ou *en.*

Exemple:

Gandhi était indien? — Oui, il habitait **en** Inde.

11. Inez est espagnole?
    — Oui, elle habite _____ Espagne.

12. Takahashi est japonais?
    — Oui, il habite _____ Japon.

13. Cesarino est italien?
    — Oui, il habite _____ Italie.

14. Gustav parle allemand?
    — Oui, mais il habite _____ France.

15. Vous êtes suédoises?
    — Oui, nous habitons _____ Suède.

16. Lucila est colombienne?
    — Oui, elle habite _____ Colombie.

17. Xian Lee est chinois?
    — Oui, mais il habite _____ Corée.

18. Julien est sénégalais?
    — Oui, il habite _____ Sénégal.

19. Juan est mexicain?
    — Oui, il habite _____ Mexique.

20. Judith est américaine?
    — Oui, mais elle habite _____ Canada.

Exercices: Dans quelle ville et quel pays habitent-ils?

Exemple:

Julian / New York / États-Unis ⇒ Julian habite à New York, *aux* États-Unis.

21. Maki / Nagoya / Japon

    _____

22. Erik / Rotterdam / Pays-Bas

    _____

23. Chen / Pékin / Chine

    _____

24. David / Montpellier / France

    _____

25. Idriss / Rabat / Maroc

    _____

26. Gloria / Rome / Italie

    _____

27. Klaus / Berlin / Allemagne

    _____

28. Inge / Helsinki / Finlande

    _____

29. Ramona / Mexico / Mexique

    _____

30. Miguel / Lisbonne / Portugal

    _____

Exercices: Réunissez un élément de chaque colonne pour faire le plus grand nombre possible de phrases correctes.

Exemple: Marc va à l'université.

31.	Marc va	à	a.	Pays-Bas
32.	Je viens	au	b.	l'université
33.	Tu habites	aux	c.	Amazonie
34.	Elles voyagent	chez	d.	café
35.	Nous sommes	en	e.	Julien

Exercices: Complétez les phrases avec la préposition qui convient.

Exemple:

Julien vit *en* France.

36. Mes amis viennent _____ Canada.

37. Comment se sont passées vos vacances _____ Grèce?

38. Béatrice va étudier _____ Japon.

39. Beaucoup de Français aimeraient vivre _____ Californie.

40. Depuis combien de temps vivez-vous
    _____ Rio de Janeiro?

41. Fabrice revient demain _____ Antilles.

42. Bernadette retourne _____ Sénégal le
    mois prochain.

43. Cet avion part _____ Paris à 10 h et
    arrive _____ Bordeaux à 11 h.

44. Mes parents ont décidé d'aller vivre
    _____ Illinois.

45. À quelle heure est-ce que ton train part
    _____ Boston?

Exercices: Choisissez la préposition qui convient à
la phrase.

Exemple:

Quel temps fait-il *en* France? (c)

    a. à   b. au   c. en

46. — Tu rentres _____ États-Unis?

    a. en   b. à   c. aux

47. — Oui, je prends l'avion _____ New
    York demain matin.

    a. en   b. pour   c. par

48. — As-tu mis mon livre _____ la table?

    a. dans   b. par   c. sur

49. — Non, je l'ai mis _____ ton sac.

    a. dans   b. par   c. à

50. — Myriam habite _____ Paris,
    n'est-ce pas?

    a. à   b. dans   c. par

51. — Non, elle ne vit plus _____ France.

    a. par   b. dans   c. en

52. Quand tu vas _____ Grèce, va voir
    l'Acropole.

    a. au   b. en   c. de

53. En revenant d'Afrique, est-ce que tu passes
    _____ l'Italie?

    a. pour   b. par   c. en

54. Pascal est étudiant _____ physique.

    a. à   b. en   c. sur

55. Étienne a été malade _____ l'avion.

    a. dans   b. sur   c. par

Check Yourself

12.1. **(Prepositions)**

1. à la 2. chez 3. au 4. à la 5. chez 6. au 7. chez 8. au 9. à la 10. chez 11. de 12. à 13. de 14. à 15. d' 16. de 17. à 18. à 19. de 20. à 21. nous préférons aller à la piscine. 22. nous préférons passer nos vacances à la mer. 23. je préfère aller au cinéma. 24. ils préfèrent jouer au tennis. 25. elle préfère aller à la bibliothèque. 26. je préfère passer mes week-ends à Paris. 27. il préfère jouer du piano. 28. il préfère étudier à la maison. 29. elle préfère aller à la plage. 30. nous préférons manger au restaurant. 31. chez 32. pour 33. dans 34. à/par 35. à 36. dans* 37. à/de** 38. dans 39. chez 40. de/à

12.2 **(Prepositions with geographical names)**

1. aux 2. aux 3. au 4. au 5. au 6. aux 7. aux 8. au 9. au 10. aux 11. en 12. au 13. en 14. en 15. en 16. en 17. en 18. au 19. au 20. au 21. Maki habite à Nagoya, au Japon. 22. Erik habite à Rotterdam, aux Pays-Bas. 23. Chen habite à Pékin, en Chine. 24. David habite à Montpellier, en France. 25. Idriss habite à Rabat, au Maroc. 26. Gloria habite à Rome, en Italie. 27. Klaus habite à Berlin, en Allemagne. 28. Inge habite à Helsinki, en Finlande. 29. Ramona habite à Mexico, au Mexique. 30. Miguel habite à Lisbonne, au Portugal. 31. à b/au d/aux a/chez e/en c 32. à b/au d/aux a/chez e/en c 33. à b/aux a/chez e/en c 34. aux a/en c 35. à b/au d/aux a/chez e/en c 36. du 37. en 38. au 39. en 40. à 41. des 42. au 43. de, à 44. en 45. de/pour† 46. c 47. b 48. c 49. a 50. à 51. c 52. b 53. b 54. b 55. a

* *Dans* is the only solution here, because it means *five minutes from now*, whereas *en* would mean *I will be done calling within five minutes.*

** Here *à* means *to* [*their teachers*], while *de* means *about* [*their teachers*].

† *de = from*; *pour = bound for.*

Grade Yourself

Circle the numbers of the questions you missed, then fill in the total incorrect for each topic. If you answered more than three questions incorrectly, you need to focus on that topic. (If a topic has less than three questions and you had at least one wrong, we suggest you study that topic also. Read your textbook, a review book, or ask your teacher for help.)

Subject: *Les prépositions*

Topic	Question Numbers	Number Incorrect
Prepositions	**12.1:** 1, 2, 3, 4, 5, 6, 7, 8, 9, 10, 11, 12, 13, 14, 15, 16, 17, 18, 19, 20, 21, 22, 23, 24, 25, 26, 27, 28, 29, 30, 31, 32, 33, 34, 35, 36, 37, 38, 39, 40	
Prepositions with geographical names	**12.2:** 1, 2, 3, 4, 5, 6, 7, 8, 9, 10, 11, 12, 13, 14, 15, 16, 17, 18, 19, 20, 21, 22, 23, 24, 25, 26, 27, 28, 29, 30, 31, 32, 33, 34, 35, 36, 37, 38, 39, 40, 41, 42, 43, 44, 45, 46, 47, 48, 49, 50, 51, 52, 53, 54, 55	

Les pronoms relatifs

13

Brief Yourself

13.1 Relative pronouns

A relative pronoun joins two clauses. It refers to something previously mentioned in the sentence. It may also serve as the subject or object of a verb, or as the object of a preposition.

Example:

*This is the boy **who** broke the window.*
boy = antecedent / *who* = relative pronoun standing in for *boy*

The relative pronoun introduces a subordinate clause—that is, a group of words having a subject and a verb separate from the main subject and verb of the sentence.

Example:

*This is the boy **who** broke the window.*
This is the boy = main clause
who = relative pronoun subject; stands in for *boy*
broke the window = subordinate clause

The preceding subordinate clause is also known as a *relative clause* because it begins with a relative pronoun (*who*). The relative clause gives us additional information about the antecedent (*boy*).

In French, to find the correct pronoun, you must go through the following steps:

1. Find the relative clause and separate it from the rest of the sentence.

2. Determine the function of the relative pronoun in the relative clause.

3. Select the pronoun according to the antecedent.

	Verb takes no preposition		The verb takes *à* + time or space	The verb takes the preposition *de*
	Subject [+ verb]	Direct Object [+ noun]		
Antecedent is a noun	*qui*	*que / qu'*	*ou*	*dont*
No expressed antecedent: (things) ce...	*qui*	*que / qu'*		*dont*

13.1.1   The relative pronouns *qui* and *que*

Qui is the pronoun that replaces a subject (person, place, or thing), and *que* replaces a direct object (also person or thing).

Examples:

J'ai un ami *qui* joue de la guitare.
I have a friend who plays the guitar.
J'ai un ami; il joue de la guitare.
I have a friend; he plays the guitar.

Le livre *qui* est sur la table est à moi.
The book that is on the table belongs to me.
Le livre est à moi; il est sur la table.
The book belongs to me; it is on the table.

Voici Alain *que* tu connais déjà.
This is Alan, whom you already know.
Voici Alain; tu le connais déjà.
This is Alan; you already know him.

Le vin *que* j'ai bu était bon.
The wine (that) I drank was good.
Le vin était bon; je l'ai bu.
The wine was good; I drank it.

Note: The relative pronoun qui is always followed by a verb (at times preceded by an object pronoun); the relative pronoun que is usually followed by a noun or a subject pronoun.

Que becomes *qu'* before a vowel, and it is always expressed. (It is often omitted in English.)

Beware of the fact that, as a direct object (relative) pronoun, *que* will trigger an agreement of the past participle of compound tenses, when the antecedent is feminine and/or plural (see chapter 3).

Examples:

La lettre *que* j'ai lu*e* était pour toi.
*The letter (**that**) I read was for you.*

Les livres *que* j'ai apporté*s* sont lourds.
*The books (**that**) I brought are heavy.*

Test Yourself

Exercices: Joignez les éléments suivants pour en faire des phrases en utilisant le pronom relatif *qui* ou *que*, selon le besoin.

Exemple:

Le bébé *que* je garde est malade.

1. C'est un champion américain (qui/que)
2. Les fleurs (qui/que)
3. Quels sont les étudiants (qui/que)
4. La chemise (qui/que)
5. Les amies (qui/que)
6. Le bébé (qui/que)
7. Nous avons rencontré un ami (qui/que)
8. J'aime beaucoup les gens (qui/que)
9. Le livre d'aventures (qui/que)
10. Je vais passer un mois à Nice (qui/que)

a. je garde est malade.
b. je lis est passionnant.
c. tu portes est sale.
d. Marc t'a offertes sont jolies.
e. nous allons voir sont égyptiennes.
f. veulent passer plus d'examens?
g. est ma ville préférée de la Côte.
h. ont le sens de l'humour.
i. a gagné le Tour de France.
j. part pour le Chili demain.

Exercices: Évitez la répétition du mot souligné en utilisant *qui*.

Exemple:

J'ai mangé un steak. *Ce steak* m'a rendu malade.
J'ai mangé un steak *qui* m'a rendu malade.

11. Va voir "La Joconde". "La Joconde" s'appelle aussi "Mona Lisa".

_____

12. L'Europe devient une grande puissance. L'Europe s'organise.

_____

13. Le manteau est à toi? Ce manteau est sur le sofa.

_____

14. Cesarino mange beaucoup de pâtes. Cesarino est italien.

_____

15. Les fourchettes sont dans le tiroir. Le tiroir est à côté du lave-vaisselle.

_____

16. Marc t'a apporté le cadeau. <u>Ce cadeau</u> est sur la table.

_____

17. Prenez garde au chien. <u>Ce chien</u> est très méchant.

_____

18. Les étudiants ont des difficultés à vivre. <u>Ces étudiants</u> sont pauvres.

_____

19. Le soldat fermera la porte. <u>Ce soldat</u> entrera le dernier.

_____

20. Je n'ai pas vu les amis. <u>Ces amis</u> sont venus te voir.

_____

Exercices: Écrivez deux phrases en suivant le modèle.

Exemple:

J'ai vu un film qui s'appelle *Jean de Florette*.
J'ai vu un film. Ce film s'appelle Jean de Florette.

21. Alain aime Martine, qui aime Jacques.

_____

22. Je téléphone à mon ami qui habite en France.

_____

23. Il n'aime pas les étudiants qui rendent les devoirs en retard.

_____

24. Marc lit un roman qui est passionnant.

_____

25. Thierry a rencontré une fille qui habite à Madrid.

_____

26. Philippe préfère regarder CNN, qui a de bonnes informations.

_____

27. Rodolphe regarde une émission qui parle de la Floride.

_____

28. Vous aimez les gâteaux au chocolat, qui font grossir.

_____

29. Jean adore le village de Saint-Émilion, qui est à 30 km de Bordeaux.

_____

30. Étienne m'a donné une clé qui ouvre son appartement.

_____

Exercices: Terminez les phrases suivantes.

Exemple:

C'est Jean qui *parle bien français.*

31. J'aime les enfants qui

_____

32. La France est un pays qui

_____

33. Elle préfère les fruits qui

     _____

34. C'est un étudiant qui

     _____

35. Allez voir ce film qui

     _____

36. C'est cette voiture qui

     _____

37. Elle m'a offert un cadeau qui

     _____

38. Antoine n'aime pas les gens qui

     _____

39. Donnez-moi les clés qui

     _____

40. Elle préfère les acteurs qui

     _____

Exercices: Joignez les éléments suivants pour en faire des phrases en utilisant le pronom relatif *qui* ou *que*, selon le besoin.

Exemple:

Je vais voir un film *qui* a reçu un Oscar.

41. Mange la pomme (qui/que)

42. Je vais voir un film (qui/que)

43. C'est le médecin (qui/que)

44. Le Louvre est un musée (qui/que)

45. L'homme (qui/que)

46. L'étudiant (qui/que)

47. Le livre (qui/que)

a. a reçu un oscar.

b. nous regarde est bizarre.

c. se trouve sur la table.

d. me soigne en ce moment.

e. vient d'être rénové.

f. j'écoute est super!

g. tu m'a donné m'a fait très plaisir.

48. Le CD (qui/que)

49. Le programme (qui/que)

50. L'enfant (qui/que)

h. vous recommandez est bon.

i. nous voulons voir passe ce soir.

j. j'ai regardé hier était instructif.

Exercices: Complétez les phrases par *que* ou *qu'*.

Exemple:

Les nouvelles *qu'*on a entendues ce matin étaient bonnes.

51. L'écrivain _____ nous préférons est Daniel Pennac.

52. La maison _____ il veut acheter est trop petite.

53. Le jour de la semaine _____ je préfère est le samedi.

54. Le livre _____ vous avez offert à Nicolas est très beau.

55. La réunion de famille _____ Marc et Antoine détestent est Thanksgiving.

56. Je n'aimais pas la moto _____ j'ai vendue.

57. L'argent _____ vous me donnez sera bien suffisant.

58. Vous pouvez lire le livre _____ vous avez emprunté à la bibliothèque.

59. Les gens _____ on veut voir sont absents.

60. Les roses rouges _____ il m'a apportées sont absolument superbes.

Exercices: Évitez la répétition du mot souligné en utilisant *que*. Attention aux accords!

Exemple:

La leçon est intéressante. Le professeur a expliqué *la leçon*.
La leçon *que* le professeur a expliquée est intéressante.

61. La jupe coûte 100 F. Tu as acheté <u>cette jupe</u>.

_____

62. Le concert était excellent. Tu n'as pas vu <u>ce concert</u>.

_____

63. Alain a adoré le film. Jacques lui a déconseillé <u>ce film</u>.

_____

64. Les oranges venaient d'Algérie. Les enfants ont mangé <u>ces oranges</u>.

_____

65. Le travail n'est pas bien payé. Je fais <u>ce travail</u>.

_____

66. J'aime beaucoup la voiture. Jean a acheté <u>cette voiture</u>.

_____

67. Le dictionnaire est trop petit. Tu utilises <u>ce dictionnaire</u>.

_____

68. Les devoirs sont trop difficiles. Le professeur nous a donné <u>ces devoirs</u>.

_____

69. Le billet de loto est gagnant. Vous venez d'acheter <u>ce billet de loto</u>.

_____

70. Redonne-moi ton adresse. J'ai encore perdu <u>ton adresse</u>.

_____

Exercices: Joignez les éléments suivants pour en faire des phrases. Attention aux accords!

71.	Voici les voitures	a.	que j'ai faits.
72.	Voici la robe	b.	que Marc a choisi.
73.	Voici les dessins	c.	que vous avez invitées.
74.	Voici la commode	d.	que nous avons lavées.
75.	Voici les dictionnaires	e.	qu'elle a lus.
76.	Voici le porte-monnaie	f.	qu'elle a essayée.
77.	Voici les magazines	g.	que je vous ai recommandée.
78.	Voici le jeu de cartes	h.	que j'ai acheté.
79.	Voici les amies	i.	que nous avons consultés.
80.	Voici la vidéo	j.	que mon père a réparée.

Exercices: Répondez aux questions suivantes avec les éléments donnés. Attention aux accords!

Exemple:

Vous avez trouvé la clé? (perdre/oui)
Oui, nous avons trouvé la clé que vous avez perdue.

81. Tu as fait les devoirs? (laisser/non)

_____

82. Vous avez compris l'émission? (entendre/oui)

_____

83. Tu as porté les pantalons? (acheter/non)

_____

84. Vous n'avez pas vu la veste? (apporter/si)

_____

85. Tu as perdu la carte? (donner/non)

_____

86. Tu as fait les courses? (demander/oui)

_____

87. Vous avez acheté les livres? (conseiller/oui)

_____

88. Tu as remarqué les filles? (montrer/non)

_____

89. Vous n'avez pas entendu l'erreur? (faire/non)

_____

90. Vous avez compris les textes? (lire/non)

_____

Exercices: Complétez les phrases suivantes en employ-ant *qui* ou *que*.

Exemple:

Nos amis *qui* viennent de s'installer en ville ont une
    fille.

91. Le pull _____ vous avez acheté est
magnifique.

92. L'ordinateur _____ est au fond de la
salle ne marche pas bien.

93. Claudette aime beaucoup le livre _____
tu lui as offert.

94. L'étudiante _____ j'ai rencontrée hier est
tombée malade.

95. Mon frère _____ habite à Lille fait de la
planche à voile.

96. Cette montre? C'est mon mari _____ me
l'a offerte.

97. Les femmes adorent Paul Newman,
_____ est un brun aux yeux bleus.

98. Le roman _____ tu as choisi est de
Balzac.

99. J'ai retrouvé les clés _____ j'avais
perdues.

100. Rodolphe, _____ va passer son examen
demain, étudie beaucoup.

101. C'est mon équipe préférée _____ a
gagné la coupe cette année!

102. Jacques a ramené du Népal des photos
_____ nous avons beaucoup aimées.

103. Les juges ont aimé la routine _____ cette
gymnaste a faite.

104. Ce client _____ tout le monde déteste est
très désagréable.

105. Yves Montand est l'acteur _____ jouait
dans *Jean de Florette*.

106. *Le Cid*, _____ est tout en vers, est une
pièce difficile à lire.

107. Quand Paul Simon, _____ j'aime
beaucoup, est passé à Indianapolis, je suis allé le
voir.

108. Ce couteau _____ ne coûte pas cher peut être très utile en camping.

109. L'air conditionné, _____ est nécessaire quand il fait chaud, coûte cher.

110. Le match _____ tu as enregistré hier était superbe à voir.

Exercices: Qui, que, ou *qu'*? Complétez.

111. J'adore le disque bleu des Beatles; c'est celui _____ je connais le mieux.

112. L'avion _____ il a pris a fait escale à New York.

113. La laitue _____ j'ai achetée hier est déjà mauvaise.

114. La chaîne stéréo _____ nous avons commandée arrive demain.

115. Le tableau _____ Alain a acheté n'est pas très joli.

116. Le sport _____ m'intéresse le plus est le rugby.

117. L'homme _____ parle à ma sœur est son fiancé.

118. L'accident _____ Marc a vu lui a fait très peur.

119. Les gens _____ ont vu ce film le trouvent excellent.

120. C'est dans le métro _____ il a rencontré sa femme.

Exercices: Définitions. Complétez les définitions en suivant le modèle.

Exemple:

un réveil / se réveiller
Un réveil, c'est un appareil qui sert à me réveiller le matin.

ou: *Un réveil, c'est un appareil que j'utilise pour me réveiller le matin.*

121. un réfrigérateur / conserver la nourriture (*food*) au frais

_____

122. un répondeur automatique / enregistrer les messages téléphoniques

_____

123. un avion / voyager loin rapidement

_____

124. un téléphone / parler

_____

125. un appareil-photo / prendre des photos

_____

13.2 The relative pronouns *où* and *dont*

Où is the relative pronoun that replaces *à* + a time or space expression, and *dont* replaces *de* + person(s) or thing(s).

Examples:

J'étais malade le jour *où* il est arrivé.
I was sick on the day when he arrived. (time)

Voici le parc *où* j'ai rencontré Paul.
Here is the park where I met Paul. (space)

Voici l'ami *dont* je t'ai parlé.
Here is the friend about whom I talked to you.
= Voici l'ami; je t'ai parlé de lui.
Here is the friend; I talked to you about him.

Exercices: Évitez la répétition du mot souligné en utilisant *où*.

Exemple:

C'est le café. Aline étudie *dans ce café*.
C'est le café où Aline étudie.

1. Nous avons passé un mois en Corse. La vie est agréable <u>en Corse</u>.

   _____

2. Vous allez à Paris. Vous connaissez les bons endroits <u>à Paris</u>.

   _____

3. Voici la ville. Alain est né <u>dans cette ville</u>.

   _____

4. Elle habite à Chicago. Elle a trouvé du travail <u>à Chicago</u>.

   _____

5. Voici le café. Nous allons rencontrer Pierre <u>dans ce café</u>.

   _____

6. On visite la Californie. On a envie de s'installer <u>en Californie</u>.

   _____

7. Lausanne? C'est une ville suisse. Ma mère passe ses vacances <u>à Lausanne</u>.

   _____

8. C'est le magasin. J'ai acheté mes chaussures <u>dans ce magasin</u>.

   _____

9. Voici l'endroit. Napoléon est enterré <u>dans cet endroit</u>.

   _____

10. C'est l'église. Jean et sa femme vont <u>à cette église</u> tous les dimanches.

    _____

Exercices: Définitions. Trouvez une définition pour chacun des lieux suivants.

Exemple:

un musée / les touristes
Un musée, c'est un endroit où les touristes vont pour voir des œuvres d'art.

11. une église / les gens / prier

    _____

12. une prison / en enferme les criminels

    _____

13. une bibliothèque / les étudiants / étudier

    _____

14. une station de sports d'hiver / les skieurs / faire du ski

    _____

15. un gymnase / les athlètes / s'entraîner

    _____

Exercices: Complétez les phrases avec *qui, que,* ou *où,* en suivant le modèle.

Exemple:

Voici la maison *où* Victor Hugo est né.

16. Marc cherche le restaurant _____ il doit rencontrer Juliette.

17. Je n'ai pas vu le film à cause de l'homme _____ était devant moi.

18. Le journal français _____ je préfère est *Le Monde.*

19. La cour du Palais-Royal, _____ vient d'être rénovée, est très controversée.

20. La gare d'Orsay est un des endroits de Paris _____ attire le plus de touristes.

21. J'ai oublié le nom du livre _____ tu m'as conseillé de lire.

22. Le centre ville _____ j'ai trouvé cette boutique est à deux pas d'ici.

23. La Provence est une région _____ le prix des maisons augmente vite.

24. La rue de la Libération, _____ tu trouveras facilement sur la carte est une rue principale de Dijon.

25. L'homme _____ tu vois là-bas semble perdu.

Exercices: Faites des phrases en utilisant *qui, que* ou *où* à partir des éléments donnés.

Exemple:

Avoriaz est une station de sports d'hiver.
Cette station se trouve dans les Alpes.
Les Allemands fréquentent beaucoup cette station.
Il y a toujours de la neige à Avoriaz.

a. *Avoriaz est une station de sports d'hiver qui se trouve dans les Alpes.*
b. *Avoriaz est une station de sports d'hiver que les Allemands fréquentent beaucoup.*
c. *Avoriaz est une station de sports d'hiver où il y a toujours de la neige.*

26. André Breton aimait beaucoup les Buttes Chaumont.
Les Buttes Chaumont sont un parc parisien.
On peut toujours visiter ce parc.
Les Surréalistes se rencontraient aux Buttes Chaumont.

a. _____
b. _____
c. _____

27. Tous les ans, les journées de la photographie ont lieu à Arles.
Les photographes du monde entier se retrouvent à Arles.
Arles est en Provence.
L'écrivain Michel Tournier aime beaucoup Arles.

a. _____
b. _____
c. _____

28. Compiègne est une ville.
Compiègne se trouve dans le nord de la France.
J'aime beaucoup Compiègne.
On a emprisonné Jeanne d'Arc à Compiègne.

a. _____
b. _____
c. _____

29. Dijon est une jolie ville.
Dijon se trouve au cœur (*heart*) de la Bourgogne.
On produit de la moutarde à Dijon.
Tout le monde devrait visiter Dijon.

a. _____
b. _____
c. _____

30. Victor Hugo a écrit sur Honfleur.
Honfleur est un petit port de pêche.
Beaucoup de touristes visitent Honfleur l'été.
Erik Satie est né à Honfleur.

a. _____
b. _____
c. _____

Exercices: Transformez les phrases en suivant le modèle.

Exemples:

Honoré de Balzac a écrit *Le Père Goriot.*
*C'est Honoré de Balzac qui a écrit **Le Père Goriot.***

Les Français aiment le fromage.
C'est le fromage que les Français aiment.

31. Les Américains aiment la chaîne CNN.

_____

32. Gérard Depardieu joue dans *Carte verte.*

_____

33. Les habitants de Los Angeles encouragent toujours les Lakers.

_____

34. L'Américain est le plus grand buveur de Coca-Cola du monde.

_____

35. Colette a reçu le Prix Goncourt [French literary prize].

_____

36. Le drapeau du Canada représente une feuille d'érable.

_____

37. Le TGV est le train le plus rapide du monde.

_____

38. Le président de la France choisit le vice-président.

_____

39. Les 500 miles d'Indianapolis attirent un public nombreux.

_____

40. Un Américain sur huit meurt du cancer.

_____

Exercices: Reliez les phrases en utilisant *dont.*

Exemple:

Voici un nouvel étudiant. On ne sait pas son nom.
Voici un nouvel étudiant dont on ne sait pas le nom.

41. Jules parle toujours de ce voyage. Il s'en souvient encore.

_____

42. As-tu remarqué cette personne? Ses cheveux sont très longs.

_____

43. J'ai rencontré le nouveau professeur. On dit qu'il est sévère.

_____

44. C'est un jeune artiste. Ses œuvres (*works*) ont beaucoup de succès.

_____

45. Vous connaissez Virginie? Sa mère est belge.

_____

46. Paul m'a rendu mon livre. J'en avais besoin.

_____

47. J'ai un appareil-photo (*camera*). J'ai oublié sa marque (*brand*).

_____

48. Brutus est le nom du chien. J'en ai très peur.

_____

49. C'est un gros problème. Elle m'en a déjà parlé.

_____

50. J'ai acheté le pantalon. J'en avais envie.

_____

Exercices: Transformez les phrases en suivant le modèle.

Exemple:

C'est l'ami dont tu connais le père.
*Tu connais le père **de** cet ami.*

51. C'est l'étudiante dont vous m'avez parlé.

_____

52. C'est la jeune fille dont je ne me rappelle pas le nom.

_____

53. C'est un problème dont on ne parle jamais.

_____

54. Carthage? C'est une ville dont il ne reste rien.

_____

55. C'est un garçon dont elle adore le sourire.

_____

56. C'est le fils dont il est très fier.

_____

57. C'est la voiture dont le moteur ne marche plus.

_____

58. C'est un chapeau dont j'ai très envie.

_____

59. C'est la maison dont Béatrice rêve.

_____

60. C'est l'acteur dont le nom m'échappe (*escapes me*).

_____

Exercices: Complétez les phrases avec *qui*, *que*, *dont*, ou *où*, selon le cas.

Exemple:

Je viens de recevoir la lettre *que* tu m'as envoyée.

61. J'ai rencontré ton ami _____ a les cheveux verts.

62. Elle ne veut pas lire l'histoire _____ j'ai écrite pour elle.

63. C'est une étudiante _____ on dit toujours beaucoup de bien.

64. L'Écosse est un pays _____ on croit aux fantômes (*ghosts*).

65. Voici les livres _____ tu as besoin pour préparer cet examen.

66. C'est vous _____ m'avez invitée!

67. Le professeur _____ tu parles est ennuyeux.

68. Mon frère a retrouvé le livre _____ il avait perdu vendredi.

69. Voici l'endroit _____ j'ai rencontré ton frère il y a quatre ans.

70. Voici l'ami _____ je vous ai déjà parlé.

Exercices: Évitez les répétitions en reliant les phrases suivantes avec *qui*, *que*, *dont*, ou *où*, selon les besoins de la phrase.

Exemple:

  Voici l'adresse; tu peux m'écrire à cette adresse.
  Voici l'adresse où tu peux m'écrire.

71. Roméo aime une femme; il ne connaît pas le nom de cette femme.

  _____

72. Voici la voiture; j'ai acheté cette voiture pour toi.

  _____

73. J'ai mangé la pizza; tu as préparé cette pizza hier.

  _____

74. Julien a dit merci à la personne; cette personne lui a montré le chemin.

  _____

75. Luc passe ses vacances en Suisse; il a beaucoup d'amis en Suisse.

  _____

76. Je voudrais l'adresse d'un restaurant; tu m'as parlé de ce restaurant.

  _____

77. J'ai rencontré un soldat; le soldat travaille à l'ambassade américaine.

  _____

78. Avez-vous lu ce livre? Ce livre est dans toutes les librairies.

  _____

79. Paul a caressé le chien; il avait très peur de ce chien.

  _____

80. J'ai acheté une petite voiture; ma voiture est économique.

  _____

13.3 The relative pronouns without antecedents

The relative pronouns *ce qui/ce que* (*ce qu'*) and *ce dont* have the same value and use as *qui*, *que/qu'*, and *dont*, but are used when the antecedent (the word they are supposed to replace) is missing.

- *ce qui* functions as the subject of a sentence and is lighter than *La chose qui*, which would be its best paraphrase.

Example:

  Ce qui est étonnant est que Paul n'a pas téléphoné.
  What is surprising is that Paul did not call.

- *ce que* is a direct object equivalent of *la chose que*, which is to be avoided.

Example:

  Ce que tu me dis est très surprenant.
  What you are telling me is very surprising.

- *ce dont* replaces a phrase using the preposition *de*, and means *la chose dont.*

Example:

Je ne sais pas *ce dont* elle a envie.
I do not know what she feels like.

As you can see, all three pronouns correspond most of the time to the English *what* or *which*, but do not confuse this *what* with the interrogative pronoun *What . . . ?* Compare the following:

Relative pronoun:

*I do not know **what** you mean.*
Je ne sais pas *ce que* tu veux dire.

Interrogative pronoun:

***What** do you mean?*
Qu'est-ce que tu veux dire?
or: *Que* veux-tu dire?

Exercices: Paul demande à une voyante (*a medium*) des précisions sur son amie Béatrice. Aidez-le à formuler les questions en utilisant *ce qui, ce que/qu'* ,et *ce dont*.

Exemple:

...quelque chose qui l'intéresse
Je voudrais savoir *ce qui l'intéresse.*

1. ... quelque chose qu'elle aime.
   Je voudrais savoir...

   _____

2. ... quelque chose dont elle a besoin.
   Je voudrais savoir...

   _____

3. ... quelque chose qui la fait rire.
   Je voudrais savoir...

   _____

4. ... quelque chose qui lui fait peur.
   Je voudrais savoir...

   _____

5. ... quelque chose dont elle a envie.
   Je voudrais savoir...

   _____

6. ... quelque chose que Béatrice regrette.
   Je voudrais savoir...

   _____

7. ... quelque chose qu'elle voudrait faire.
   Je voudrais savoir...

   _____

8. ... quelque chose qu'elle pense.
   Je voudrais savoir...

   _____

9. ... quelque chose qui lui ferait plaisir.
   Je voudrais savoir...

   _____

10. ... quelque chose qu'elle veut m'offrir pour Noël.
    Je voudrais savoir...

    _____

Exercices: Reliez les phrases avec *ce qui, ce que* ou *ce dont* selon le cas.

Exemple:

Le petit Jacques est travailleur. Cette chose est bien.
Le petit Jacques est travailleur, ce qui est bien.

11. Je ne comprends pas. Le professeur parle de quelque chose.

    _____

12. Pierre doit terminer. Il a commencé quelque chose.

    _____

13. Tu veux savoir? Quelque chose est arrivé.

    _____

14. Je n'ai pas faim. Cela m'étonne.

    _____

15. Je me demande. Elle a besoin de quelque chose.

_____

16. Sa mère aimerait savoir. Il va faire quelque chose.

_____

17. Nous comprenons mal. Il parle de quelque chose.

_____

18. Tu peux acheter. Tu veux quelque chose.

_____

19. Nicolas est très sage; cela me surprend.

_____

20. Nous allons aller en vacances. J'ai hâte de cela.

_____

Exercices: Complétez les phrases avec *ce qui, ce que,* ou *ce dont*, selon les besoins de la phrase.

Exemple:
  Dis-moi *ce dont* tu as besoin.

21. Cet enfant fait toujours _____ il veut!

22. Ne vous inquiétez pas, demain il fera _____ je veux.

23. Dans ce magasin, je ne sais pas _____ est intéressant.

24. Dites-moi _____ vous avez besoin.

25. Hier, j'ai rencontré Alain. Devine _____ on a parlé?

26. Tu t'occupes de _____ ne te regarde pas.

27. Frédéric travaille pour IBM, _____ n'est pas étonnant.

28. Mauricette n'a pas cru (*didn't believe*) _____ je lui ai dit.

29. C'est parce que tu ne sais pas toujours _____ tu parles.

30. Nous allons vendre une voiture, _____ nous permettra d'économiser de l'argent.

Check Yourself

13.1.1 (The relative pronouns *qui* and *que*)

1. qui; i / qui; j 2. que; d / que; e 3. qui; f 4. que; c 5. que; e 6. que; a / que; c 7. qui; i / qui; j
8. qui; h 9. que; b 10. qui; g

11. Va voir "La Joconde", qui s'appelle aussi "Mona Lisa". 12. L'Europe qui s'organise devient une grande puissance. 13. Le manteau qui est sur le sofa est à toi? 14. Cesarino, qui est italien, mange beaucoup de pâtes. 15. Les fourchettes sont dans le tiroir qui est à côté du lave-vaisselle. 16. Marc t'a apporté le cadeau qui est sur la table. 17. Prenez garde au chien qui est très méchant. 18. Les étudiants qui sont pauvres ont des difficultés à vivre. 19. Le soldat qui entrera le dernier fermera la porte. 20. Je n'ai pas vu les amis qui sont venus te voir.

21. Alain aime Martine. Martine aime Jacques. 22. Je téléphone à mon ami. Cet ami habite en France. 23. Il n'aime pas les étudiants. Ces étudiants rendent les devoirs en retard. 24. Marc lit un roman. Ce roman est passionnant. 25. Thierry a rencontré une fille. Cette fille habite à Madrid. 26. Philippe préfère regarder CNN. CNN a de bonnes informations. 27. Rodolphe regarde un programme. Ce programme parle de la Floride. 28. Vous aimez les gâteaux au chocolat. Les gâteaux au chocolat font grossir. 29. Jean adore le village de Saint-Émilion. Ce village est à 30 km de Bordeaux. 30. Étienne m'a donné une clé. Cette clé ouvre son appartement.

Réponses possibles: 31. rient tout le temps. 32. a des climats très variés. 33. ne sont pas trop acides. 34. étudie tout le temps. 35. a reçu un prix au festival de Cannes. 36. est très économique. 37. doit coûter très cher. 38. n'ont pas le sens de l'humour. 39. se trouvent sur la table. 40. ont les yeux bleus et les cheveux bruns.

41. qui; c 42. qui; a 43. qui; d 44. qui; e 45. qui; b / que; f / que; h / que; i 46. qui; b / que; f / que; h / que; i 47. que; g / que; h / que; j 48. que; f / que; g / que; h 49. que; f / que; i / que; j 50. qui; b / que; f

51. que 52. qu' 53. que 54. que 55. que 56. que 57. que 58. que 59. qu' 60. qu'

61. La jupe que tu as achetée coûte. 100 F. 62. Le concert que tu n'as pas vu était excellent. 63. Alain a adoré le film que Jacques lui a déconseillé. 64. Les oranges que les enfants ont mangées venaient d'Algérie. 65. Le travail que je fais n'est pas bien payé. 66. J'aime beaucoup la voiture que Jean a achetée. 67. Le dictionnaire que tu utilises est trop petit. 68. Les devoirs que le professeur nous a donnés sont trop difficiles. 69. Le billet de loto que vous venez d'acheter est gagnant.
70. Redonne-moi ton adresse que j'ai encore perdue.

71. d. 72 f/g/j 73. a. 74. g/j 75. e/i 76. b/h 77. e/i 78. b/h 79. c 80. f/g/j

81. Non, je n'ai pas fait les devoirs que tu as laissés. 82. Oui, nous avons compris l'émission que nous avons entendue. 83. Non, je n'ai pas porté les pantalons que tu m'as achetés. 84. Si, nous avons vu la veste que vous avez apportée. 85. Non, je n'ai pas perdu la carte que tu m'as donnée. 86. Oui, j'ai fait les courses que tu m'as demandées. 87. Oui, nous avons acheté les livres que vous nous avez conseillés. 88. Non, je n'ai pas remarqué les filles que tu m'as montrées. 89. Non, je n'ai pas entendu l'erreur que vous avez faite. 90. Non, nous n'avons pas compris les textes que vous avez lus.

91. que 92. qui 93. que 94. que 95. qui 96. qui 97. qui 98. que 99. que 100. qui 101. qui 102. que 103. que 104. que 105. qui 106. qui 107. que 108. qui 109. qui 110. que

111. que 112. qu' 113. que 114. que 115. qu' 116. qui 117. qui 118. que 119. qui 120. qu'

Réponses possibles: 121. Un réfrigérateur, c'est un appareil qui sert à conserver la nourriture au frais. 122. Un répondeur automatique, c'est un appareil qui enregistre les messages téléphoniques. 123. Un avion, c'est un appareil qui voyage loin rapidement. 124. Un téléphone, c'est un appareil que j'utilise pour parler à quelqu'un qui est loin. 125. Un appareil-photo, c'est un appareil qui sert à prendre des photos.

13.2   **(The relative pronouns *où* and *dont*)**

1. Nous avons passé un mois en Corse, où la vie est agréable. 2. Vous allez à Paris où vous connaissez les bons endroits. 3. Voici la ville où Alain est né. 4. Elle habite à Chicago, où elle a trouvé du travail. 5. Voici le café où nous allons rencontrer Pierre. 6. On visite la Californie où on a envie de s'installer. 7. C'est une ville suisse où ma mère passe ses vacances. 8. C'est le magasin où j'ai acheté mes chaussures. 9. Voici l'endroit où Napoléon est enterré. 10. C'est l'église où Jean et sa femme vont tous les dimanches.

11. Une église, c'est un endroit où les gens vont pour prier. 12. Une prison, c'est un endroit où on enferme les criminels. 13. Une bibliothèque, c'est un endroit où les étudiants vont pour étudier. 14. Une station de sports d'hiver, c'est un endroit où les skieurs vont pour faire du ski. 15. Un gymnase, c'est un endroit où les athlètes vont pour s'entraîner.

16. où 17. qui 18. que 19. qui 20. qui 21. que 22. où 23. où 24. que 25. que

26. André Breton aimait beaucoup les Buttes Chaumont a) qui sont un parc parisien. b) qu'on peut toujours visiter. c) où les Surréalistes se rencontraient. 27. Tous les ans, les journées de la photographie ont lieu à Arles a) où les photographes du monde entier se retrouvent. b) qui est en Provence. c) que l'écrivain Michel Tournier aime beaucoup. 28. Compiègne est une ville a) qui se trouve dans le nord de la France. b) que j'aime beaucoup. c) où on a emprisonné Jeanne d'Arc. 29. Dijon est une jolie ville a) qui se trouve au cœur de la Bourgogne. b) où on produit de la moutarde. c) que tout le monde devrait visiter. 30. Victor Hugo a écrit sur Honfleur, a) qui est un petit port de pêche. b) que beaucoup de touristes visitent. c) où Erik Satie est né.

Réponses possibles: 31. C'est la chaîne CNN que les Américains aiment./Ce sont les Américains qui aiment la chaîne CNN. 32. C'est Gérard Depardieu qui joue dans *Carte verte*./C'est dans *Carte verte* que joue Gérard Depardieu. 33. Ce sont les Lakers que les habitants de Los Angeles encouragent toujours./Ce sont les habitants de Los Angeles qui encouragent toujours les Lakers. 34. C'est l'Américain qui est le plus grand buveur de Coca-Cola du monde. 35. C'est Colette qui a reçu le Prix Goncourt./C'est le Prix Goncourt que Colette a reçu. 36. C'est une feuille d'érable que représente le drapeau du Canada./C'est le drapeau du Canada qui représente une feuille d'érable. 37. C'est le TGV qui est le train le plus rapide du monde. 38. C'est le président de la France qui choisit le vice-président./C'est le vice-président que le président de la France choisit. 39. Ce sont les 500 miles d'Indianapolis qui attirent un public nombreux. 40. C'est un Américain sur huit qui meurt du cancer./C'est du cancer que meurt un Américain sur huit.

41. Jules parle toujours de ce voyage dont il se souvient encore. 42. As-tu remarqué cette personne dont les cheveux sont très longs? 43. J'ai rencontré le nouveau professeur dont on dit qu'il est sévère. 44. C'est un jeune artiste dont les œuvres ont beaucoup de succès. 45. Vous connaissez Virginie dont la mère est belge? 46. Paul m'a rendu le livre dont j'avais besoin. 47. J'ai un appareil-photo dont j'ai oublié la marque. 48. Brutus est le nom du chien dont j'ai très peur. 49. C'est un gros problème dont elle m'a déjà parlé. 50. J'ai acheté le pantalon dont j'avais envie.

51. Vous m'avez parlé <u>de</u> cette étudiante. 52. Je ne me rappelle pas le nom <u>de</u> cette jeune fille. 53. On ne parle jamais <u>de</u> ce problème. 54. Il ne reste plus rien <u>de</u> cette ville. 55. Elle adore le sourire <u>de</u> ce garçon.5 6. Il est très fier <u>de</u> ce fils. 57. Le moteur <u>de</u> cette voiture ne marche plus. 58. J'ai très envie <u>de</u> ce chapeau. 59. Béatrice rêve <u>de</u> cette maison. 60. Le nom <u>de</u> cet acteur m'échappe.

61. qui 62. que 63. dont 64. où 65. dont 66. qui 67. dont 68. qu' 69. où 70. dont

71. Roméo aime une femme dont il ne connaît pas le nom. 72. Voici la voiture que j'ai achetée pour toi.* 73. J'ai mangé la pizza que tu as préparée hier.* 74. Julien a dit merci à la personne qui lui a montré le chemin. 75. Luc passe ses vacances en Suisse, où il a beaucoup d'amis. 76. Je voudrais l'adresse du restaurant dont tu m'as parlé. 77. J'ai rencontré un soldat qui travaille à l'ambassade

américaine. 78. Avez-vous lu ce livre qui est dans toutes les librairies? 79. Paul a caressé le chien dont il avait très peur. 80. J'ai acheté une petite voiture qui est économique.

*Agreement of past participle is necessary with *que*, because of its function as preceding direct object.

13.3   **(The relative pronouns without antecedents)**

Je voudrais savoir... 1. ce qu'elle aime. 2. ce dont elle a besoin. 3. ce qui la fait rire. 4. ce qui lui fait peur. 5. ce dont elle a envie. 6. ce que Béatrice regrette. 7. ce qu'elle voudrait faire. 8. ce qu'elle pense. 9. ce qui lui ferait plaisir. 10. ce qu'elle veut m'offrir pour Noël.

11. Je ne comprends pas ce dont le professeur parle. 12. Pierre doit terminer ce qu'il a commencé. 13. Tu veux savoir ce qui est arrivé? 14. Je n'ai pas faim, ce qui m'étonne. 15. Je me demande ce dont elle a besoin. 16. Sa mère aimerait savoir ce qu'il va faire. 17. Nous comprenons mal ce dont il parle. 18. Tu peux acheter ce que tu veux. 19. Nicolas est très sage, ce qui me surprend. 20. Nous allons aller en vacances, ce dont j'ai hâte.

21. ce qu' 22. ce que 23. ce qui 24. ce dont 25. ce dont 26. ce qui 27. ce qui 28. ce que 29. ce dont 30. ce qui

Grade Yourself

Circle the numbers of the questions you missed, then fill in the total incorrect for each topic. If you answered more than three questions incorrectly, you need to focus on that topic. (If a topic has less than three questions and you had at least one wrong, we suggest you study that topic also. Read your textbook, a review book, or ask your teacher for help.)

Subject: *Les pronoms relatifs*

Topic	Question Numbers	Number Incorrect
The relative pronouns *qui* and *que*	**13.1.1:** 1, 2, 3, 4, 5, 6, 7, 8, 9, 10, 11, 12, 13, 14, 15, 16, 17, 18, 19, 20, 21, 22, 23, 24, 25, 26, 27, 28, 29, 30, 31, 32, 33, 34, 35, 36, 37, 38, 39, 40, 41, 42, 43, 44, 45, 46, 47, 48, 49, 50, 51, 52, 53, 54, 55, 56, 57, 58, 59, 60, 61, 62, 63, 64, 65, 66, 67, 68, 69, 70, 71, 72, 73, 74, 75, 76, 77, 78, 79, 80, 81, 82, 83, 84, 85, 86, 87, 88, 89, 90, 91, 92, 93, 94, 95, 96, 97, 98, 99, 100, 101, 102, 103, 104, 105, 106, 107, 108, 109, 110, 111, 112, 113, 114, 115, 116, 117, 118, 119, 120, 121, 122, 123, 124, 125	
The relative pronouns *où* and *dont*	**13.2:** 1, 2, 3, 4, 5, 6, 7, 8, 9, 10, 11, 12, 13, 14, 15, 16, 17, 18, 19, 20, 21, 22, 23, 24, 25, 26, 27, 28, 29, 30, 31, 32, 33, 34, 35, 36, 37, 38, 39, 40, 41, 42, 43, 44, 45, 46, 47, 48, 49, 50, 51, 52, 53, 54, 55, 56, 57, 58, 59, 60, 61, 62, 63, 64, 65, 66, 67, 68, 69, 70, 71, 72, 73, 74, 75, 76, 77, 78, 79, 80	
The relative pronouns without antecedents	**13.3:** 1, 2, 3, 4, 5, 6, 7, 8, 9, 10, 11, 12, 13, 14, 15, 16, 17, 18, 19, 20, 21, 22, 23, 24, 25, 26, 27, 28, 29, 30	

L'interrogation

14

Brief Yourself

In any language, questions are of two types: total questions, or "yes-no" questions, which can be answered by "yes" or "no"; and partial questions, which ask for more information.

14.1 Questions

• "yes-no questions

Est-ce que tu vas passer l'examen? *Are you going to take the exam?*
Oui / (non), je (ne) vais (pas) passer l'examen.

Quand est-ce que tu vas passer l'examen? *When are you going to take the exam?*

— Je vais passer l'examen mardi.

14.1.1 Types of questions

In French, there are four basic ways to make a question:
(1) with a raising intonation
(2) with *est-ce que* + statement
(3) with *n'est-ce pas?* at the end of a statement
(4) with a subject-verb inversion

Examples:

Statement: Il pleut.	*It is raining.*
(1) Il pleut?	*It's raining?*
(2) Est-ce qu'il pleut?	*Is it raining?*
(3) Il pleut, n'est-ce pas?	*It is raining, isn't it?*
(4) Pleut-il?	*Is it raining?*

Generally speaking, (1) is used orally and in informal situations; (2) fits all situations; when using (3), the speaker expects an affirmative answer; and (4) is used in writing or in formal circumstances.

14.1.2 Inversion

Inversions are either simple or complex, depending on whether the verb uses a simple tense (*present, imperfect, future,* etc.) or a compound tense (*passé composé, plus-que-parfait, futur anterieur,* etc.).

- *With simple tenses.* Questions can be made by inverting the subject pronoun and the verb. A hyphen then connects the two words.

Examples:

Statement	Question
Elle suit un cours.	*Suit-elle* un cours?
Vous parlez français.	*Parlez-vous* français?
Tu te lèves.	Te *lèves-tu*?

If the verb in the third person singular (*il, elle, on*) ends with a vowel, a *-t-* needs to be inserted in order to facilitate enunciation:

Examples:

Statement	Question
Il aime les fruits.	Aime-*t*-il les fruits?
Elle se repose.	Se repose-*t*-elle?

Note: With a noun subject, the inversion order is: noun + verb + subject pronoun.

Example:

Marc va à la piscine.
Marc va-t-il à la piscine?

- *Inversion with compound tenses.* In compound tenses, the inversion occurs between the auxiliary verb and the subject pronoun (with a noun subject, the order is: noun + auxiliary verb + subject pronoun + past participle).

Examples:

Statement	Question
Il a mangé une pomme.	*A-t-il mangé* une pomme?
Elles sont parties.	*Sont-elles parties?*
Tu t'es levé à sept heures.	T'*es-tu levé* à sept heures?
Marc est allé à la piscine.	*Marc est-il allé* à la piscine?

Test Yourself

Exercices: Ecrivez les questions qui correspondent aux réponses données.

Exemple:

_____
Oui, je parle anglais.
⇒ Vous parlez anglais?

1. _____
   — Oui, j'aime la pizza.

2. _____
   — Non, je ne sais pas son nom.

3. _____
   — Ça va bien, merci.

4. _____
   — Il s'appelle Jean-Paul.

5. _____
   — Non, il est étudiant.

6. _____
   — Oui, Tina habite à Milan.

7. _____
   — Oui, nous travaillons ici.

8. _____
   — Non, je ne regarde pas la télé.

9. _____
   — Oui, je suis musicien.

10. _____
    — Alain.

Exercices: Changez la forme des questions en suivant le modèle.

Exemple:

Il est Français?
Est-ce qu'il est Français?

11. Tu veux bien venir?
    _____

12. Vous allez souvent au cinéma?
    _____

13. Elle travaille le dimanche?
    _____

14. Ils ont voyagé à Tahiti?
    _____

15. On sort ce soir?
    _____

16. Vous rentrez du Mexique?
    _____

17. Vous avez des cassettes de jazz?
    _____

18. Nous irons à la campagne?
    _____

19. Elle est avocate?
    _____

20. Ce sont les cadeaux des enfants?
    _____

Exercices: Posez les questions d'une façon différente.

Exemples:

Vous recommencez à fumer?
Est-ce que vous recommencez à fumer?

Est-ce que vous êtes sortis hier soir?
Vous êtes sortis hier soir?

21. Elle veut écrire à Hervé?

_____

22. Est-ce que vous aimez le rock?

_____

23. Tu as visité la Tour Eiffel?

_____

24. Est-ce qu'ils ont aimé le Japon?

_____

25. Tu habites à Taiwan?

_____

26. Elles aiment les films de Ford?

_____

27. Nous ne pouvons pas sortir?

_____

28. Est-ce que tu te laves les mains?

_____

29. Vous avez mangé toute la pizza?

_____

30. Ils se sont couchés tard?

_____

Exercices: Même exercice que le précédent, mais cette fois-ci, employez l'inversion.

Exemple:

Vous recommencez à fumer?
Recommencez-vous à fumer?

Est-ce que vous êtes sortis hier soir?
Etes-vous sortis hier soir?

31. _____

32. _____

33. _____

34. _____

35. _____

36. _____

37. _____

38. _____

39. _____

40. _____

14.2 Interrogative words

Interrogative words are typically placed at the beginning of a question, whether or not you use *est-ce que*.

Examples:

Où vas-tu? *Où est-ce que tu vas?*	*Where are you going?*
Quand pars-tu? *Quand est-ce que tu pars?*	*When are you leaving?*
Qui t'accompagne? *Qui est-ce qui t'accompagne?*	*Who accompanies you?*
Pourquoi prend-il cela? *Pourquoi est-ce qu'il prend cela?*	*Why does he take that?*

14.2.1 Interrogative adverbs

Here are a few common interrogative adverbs:

Adverb	English equivalent	Examples
quand (est-ce que) ...?	when . . . ?	Quand viendras-tu? Quand est-ce que tu viendras? *When will you come?*
où (est-ce que)...?	where . . . ?	Où vas-tu? Où est-ce que tu vas? *Where are you going?*
d'où (est-ce que)...?	where from . . . ?	D'où es-tu? D'où est-ce que tu es? *Where are you from?*
comment (est-ce que)...?	how . . . ?	Comment vas-tu? Comment est-ce que tu vas? *How are you doing?*
combien (est-ce que)...?	how many/much . . . ?	Combien d'amis as-tu? Combien d'amis est-ce que tu as? *How many friends do you have?*
pourquoi (est-ce que)...?	why . . .	Pourquoi pleures-tu? Pourquoi est-ce que tu pleures? *Why are you crying?*

14.2.2 Interrogative pronouns

Interrogative pronouns refer to human beings (*qui*), or to animals, things, and ideas (*what*).

	PEOPLE *who? whom?*	THINGS what?
subject	*qui* *qui est-ce qui*	*qu'est-ce qui*
direct object	*qui* *qui est-ce* *que (qu')*	*que (qu')* *qu'est-ce que (qu')*
+ preposition	preposition + *qui*	preposition + *quoi*

Examples:

Qui frappe à la porte?
Who is knocking at the door?
Qui est-ce qui frappe à la porte?
Paul frappe à la porte.

Qui invitez-vous?
Who are you inviting?
Qui est-ce que vous invitez?
J'invite *Paul.*

Qu'est-ce qui fait ce bruit?
What is making that noise?
Le train fait ce bruit.

Que veux-tu?
What you you want?
Qu'est-ce que tu veux?
Je veux *une pomme.*

A qui penses-tu?
Who are you thinking about?
A qui est-ce que tu penses?
Je pense *à Marie*.

A quoi penses-tu?
What are you thinking about?
A quoi est-ce que tu penses?
Je pense *à mon travail*.

14.2.3 Interrogative adjective *quel*

The interrogative adjective *quel* (*what . . . ?*), like any other adjective, agrees with the noun it modifies.

	masculine	feminine
singular	*Quel* livre lis-tu?	*Quelle* heure est-il?
plural	*Quels* livres lisez-vous?	*Quelles* fleurs aimez-vous?

The interrogative adjective can be used as the subject of the verb *être*, except when it refers to a person, in which case you need to use *qui*.

Examples:

Quel est votre numéro de téléphone?
Qui est votre ami?

14.2.4 Interrogative pronoun *lequel*

When confronted with a choice between two or more items, *lequel* is used to mean *which one . . . ?* Its forms are very similar to those of *quel*.

	masculine	feminine
singular	*Lequel* de ces livres lis-tu? *Which one of these books are you reading?*	*Laquelle* de ces statues préfères-tu? *Which one of these statues do you prefer?*
plural	*Lesquels* de ces livres lisez-vous? *Which (ones) of these books are you reading?*	*Lesquelles* de ces fleurs préfères-tu? *Which (ones) of these flowers do you like best?*

The forms of *lequel* follow the normal contractions with *à* and *de*.

	+ à	+ de
lequel	*auquel*	*duquel*
laquelle	*à laquelle* (no change)	*de laquelle* (no change)
lesquels	*auxquels*	*desquels*
lesquelles	*auxquelles*	*desquelles*

Examples:

Auxquels de ces livres faites-vous allusion?
Which of these books are you alluding to?

Il a parlé d'un film. —*Duquel* a-t-il parlé?
He spoke about a movie. — Which one did he speak about?

Exercices: Posez des questions sur les mots soulignés en employant des adverbes interrogatifs.

Exemple:

Elle est allée <u>en Chine</u>. ⇒ *Où est-ce qu'elle est allée?*

1. Le cours commence <u>maintenant</u>.

   _____

2. Cette montre coûte <u>trois cent vingt francs</u>.

   _____

3. J'ai acheté ce livre <u>pour l'anniversaire d'Éric</u>.

   _____

4. Il vient de <u>loin</u>.

   _____

5. Nous travaillons <u>à la Sorbonne</u>.

   _____

6. Armand a <u>trois</u> voitures.

_____

7. Le film commence <u>dans dix minutes</u>.

_____

8. Étienne travaille <u>bien</u>.

_____

9. Nous allons <u>chez le frère d'Ursula</u>.

_____

10. Il sort <u>pour chercher de la bière</u>.

_____

Exercices: Même exercice, mais cette fois utilisez l'inversion.

Exemple:

Elle est allée <u>en Chine</u>. ⇒ Où est-elle allée?

11. Martine part <u>à neuf heures</u>.

_____

12. Je vais <u>bien</u>.

_____

13. J'habite <u>aux États-Unis</u>.

_____

14. La maison est <u>petite</u>.

_____

15. J'aime la limonade <u>parce que c'est rafraîchissant</u>.

_____

16. Elles vont à Bordeaux <u>en train</u>.

_____

17. Sylvie rentre en France <u>la semaine prochaine</u>.

_____

18. Elle est <u>grande et belle</u>.

_____

19. Ce CD coûte <u>très cher</u>.

_____

20. Nous revenons <u>de la Martinique</u>.

_____

Exercices: Qui ou *que*? Complétez les questions avec le pronom interrogatif qui convient.

Exemple:

Qui vient voir Madame Dupont? — Son amie.

21. _____ avez-vous vu? — J'ai vu Christophe Lambert.

22. _____ mangez-vous? — Je mange une pomme.

23. _____ regardez-vous? — Je regarde un film de science-fiction.

24. _____ attendez-vous? — J'attends mon petit frère.

25. _____ penses-tu de cet étudiant?
— Je pense qu'il est gentil.

26. _____ faites-vous? — Nous préparons nos examens.

27. _____ frappe à la porte? — C'est Jacques.

28. _____ rencontre-t-elle le samedi? — Son petit ami.

29. _____ veut répondre? — Moi, je veux bien.

30. _____ vous a-t-il dit? — Il m'a dit la vérité.

Exercices: Complétez les questions avec *qui, que, à qui,* ou *à quoi,* selon le cas.

Exemple:

À quoi penses-tu? —À mes examens de demain.

31. _____ mangez-vous? — Nous mangeons des frites.

32. _____ sait ce que veut dire "se tromper"? — Moi!

33. _____ appartient cette voiture? — Elle appartient à Henri.

34. _____ pensez-vous de la situation? — Elle est grave.

35. _____ ressemble ce bébé? — Il ressemble à son père.

36. _____ lis-tu? — Je lis le journal du soir.

37. _____ dit-il? — Il dit "bonjour".

38. _____ pensez-vous? — Je pense à ma femme et à ma fille.

39. _____ rêves-tu? — À des vacances à Tahiti.

40. _____ parle-t-elle? — À Ludovic.

Exercices: Complétez avec *quel, quelle, quels,* ou *quelles,* selon le besoin.

Exemple:

Je cherche un *hôtel.*
Quel hôtel?

41. Elle veut savoir l'heure.

_____

42. Nous cherchons un café.

_____

43. Il prend des livres.

_____

44. Vous avez mon adresse?

_____

45. J'étudie les langues.

_____

46. Elle aime son professeur.

_____

47. Je voudrais des fruits.

_____

48. Ils disent la vérité.

_____

49. Tu as raté ton examen.

_____

50. On cherche la gare.

_____

Exercices: Complétez les phrases avec *quel, quelle, quels,* ou *quelles.*

Exemple:

Quelle est la date de ton anniversaire?

51. _____ jour avons-nous rendez-vous chez le docteur?

52. Dans _____ ville habitez-vous?

53. _____ est votre nom?

54. _____ est votre adresse?

55. À _____ heure pars-tu demain?

56. Dans _____ villes séjournerez-vous?

57. Et dans _____ hôtels?

58. À _____ moment voulez-vous rentrer?

59. Pour _____ raisons partez-vous si vite?

60. _____ est votre nationalité?

Exercices: Posez des questions en utilisant une forme de *quel.*

Exemple:

_____ ? Je pratique le tennis.
Quel sport pratiquez-vous?

61. _____
— Nous sommes lundi.

62. _____
— Il est deux heures dix.

63. _____
— Je préfère *Time* Magazine.

64. _____
— C'est la Toyota bleue, là-bas.

65. _____
— Elle a bientôt vingt ans.

66. _____
— 12, avenue des Champs.

67. _____
— C'est le 62.97.18.04.

68. _____
— Le rouge et le bleu.

69. _____
— Je suis professeur.

70. _____
— Un jean et un T-shirt.

Exercices: Choisissez le mot entre parenthèses qui convient à la phrase.

Exemple:

(À quelle / À laquelle) de vos étudiantes avez-vous donné un "A"?

71. Avec (lequel/quel) de ces hommes va-t-elle sortir?

72. (Auquel/À quel) livre pensez-vous?

73. Derrière (quelle/laquelle) maison étiez-vous caché?

74. (Duquel/De quel) poème est-ce que le professeur a parlé?

75. J'ai lu deux livres. (Lequel/Auquel) des deux voulez-vous?

76. Aline a parlé d'une robe, mais (de laquelle/à laquelle)?

77. J'ai tous les romans de Simenon. (Lesquels/Duquel) prenez-vous?

78. (Lequel/Desquels) de ces tableaux avez-vous peint?

80. (Auxquelles/À quelle) de ces pièces avez-vous assisté?

79. Vous avez beaucoup d'amis, mais sur (auxquels/lesquels) pouvez-vous compter?
    (compter sur = to rely on)

 # Check Yourself

14.1 Questions

Answers may vary 1. Vous aimez la pizza? 2. Vous savez son nom? 3. Comment ça va? 4. Tu sais comment il s'appelle? 5. Il est professeur? 6. Tina habite à Milan? 7. Vous travaillez ici? 8. Vous regardez la télé? 9. Vous êtes musicien? 10. Comment tu t'appelles?

11. Est-ce que tu veux bien venir? 12. Est-ce que vous allez souvent au cinéma? 13. Est-ce qu'elle travaille le dimanche? 14. Est-ce qu'ils ont voyagé à Tahiti? 15. Est-ce qu'on sort ce soir? 16. Est-ce que vous rentrez du Mexique? 17. Est-ce que vous avez des cassettes de jazz? 18. Est-ce que nous irons à la campagne? 19. Est-ce qu'elle est avocate? 20. Est-ce que ce sont les cadeaux des enfants?

21. Est-ce qu'elle veut écrire à Hervé? 22. Vous aimez le rock? 23. Est-ce que tu as visité la Tour Eiffel? 24. Ils ont aimé le Japon? 25. Est-ce que tu habites à Taiwan? 26. Est-ce qu'elles aiment les films de Ford? 27. Est-ce que nous ne pouvons pas sortir? 28. Tu te laves les mains? 29. Est-ce que vous avez mangé toute la pizza? 30. Est-ce qu'ils se sont couchés tard?

31. Veut-elle écrire à Hervé? 32. Aimez-vous le rock? 33. As-tu visité la Tour Eiffel? 34. Ont-ils aimé le Japon? 35. Habites-tu à Taiwan? 36. Aiment-elles les films de Ford? 37. Ne pouvons-nous pas sortir? 38. Te laves-tu les mains? 39. Avez-vous mangé toute la pizza? 40. Se sont-ils couchés tard?

14.2 (Interrogative words)

1. Quand est-ce que le cours commence? 2. Combien est-ce que cette montre coûte? 3. Pourquoi est-ce que tu as acheté ce livre? 4. D'où est-ce qu'il vient? 5. Où est-ce que vous travaillez? 6. Combien est-ce qu'Armand a de voitures? 7. Quand est-ce que le film commence? 8. Comment est-ce qu'Etienne travaille? 9. Où est-ce que vous allez? 10. Pourquoi est-ce qu'il sort?

11. Quand part Martine? 12. Comment vas-tu?/Comment allez-vous? 13. Où habites-tu?/Où habitez-vous? 14. Comment est la maison? 15. Pourquoi aimes-tu/aimez-vous la limonade? 16. Comment vont-elles à Bordeaux? 17. Quand Sylvie rentre-t-elle en France? 18. Comment est-elle? 19. Combien coûte ce CD? 20. D'où revenez-vous?

21. Qui 22. Que 23. Que 24. Qui 25. Que 26. Que 27. Qui 28. Qui 29. Qui 30. Que

31. Que 32. Qui 33. A qui 34. Que 35. A qui 36. Que 37. Que 38. A qui 39. A quoi 40. A qui

41. Quelle heure? 42. Quel café? 43. Quels livres? 44. Quelle adresse? 45. Quelles langues? 46. Quel professeur? 47. Quels fruits? 48. Quelle vérité? 49. Quel examen? 50. Quelle gare?

51. Quel 52. quelle 53. Quel 54. Quelle 55. quelle 56. quelles 57. quels 58. quel 59. quelles 60. Quelle

61. Quel jour sommes-nous? 62. Quelle heure est-il? 63. Quel magazine préfères-tu/préférez-vous? 64. Quelle est votre voiture? 65. Quel âge a-t-elle? 66. Quelle est ton / votre adresse? 67. Quel est ton / votre numéro de téléphone? 68. Quelles sont tes / vos couleurs préférées? 69. Quelle est ta /votre profession? 70. Quels vêtements préfères-tu / préférez-vous porter?

71. lequel 72. À quel 73. quelle 74. De quel 75. Lequel 76. de laquelle? 77. Lesquels 78. Lequel 79. lesquels 80. Auxquelles

Grade Yourself

Circle the numbers of the questions you missed, then fill in the total incorrect for each topic. If you answered more than three questions incorrectly, you need to focus on that topic. (If a topic has less than three questions and you had at least one wrong, we suggest you study that topic also. Read your textbook, a review book, or ask your teacher for help.)

Subject: L'interrogation

Topic	Question Numbers	Number Incorrect
Questions	**14.1:** 1, 2, 3, 4, 5, 6, 7, 8, 9, 10, 11, 12, 13, 14, 15, 16, 17, 18, 19, 20, 21, 22, 23, 24, 25, 26, 27, 28, 29, 30, 31, 32, 33, 34, 35, 36, 37, 38, 39, 40	
Interrogative words	**14.2:** 1, 2, 3, 4, 5, 6, 7, 8, 9, 10, 11, 12, 13, 14, 15, 16, 17, 18, 19, 20, 21, 22, 23, 24, 25, 26, 27, 28, 29, 30, 31, 32, 33, 34, 35, 36, 37, 38, 39, 40, 42, 43, 44, 45, 46, 47, 48, 49, 50, 51, 52, 53, 54, 55, 56, 57, 58, 59, 60, 61, 62, 63, 64, 65, 66, 67, 68, 69, 70, 71, 72, 73, 74, 75, 76, 77, 78, 79, 80	

La négation

15

Brief Yourself

15.1 Ne ... pas

ne ... pas with:	Examples
Simple tense:	Subject + *ne/n'* + verb + *pas* Je *n'*étudie *pas* ce soir.
with pronouns:	Subject + *ne/n'* + pronoun + verb + *pas* Marc? Non, je *ne* le connais *pas*.
Compound tense:	Subject + *ne/n'* + auxiliary + *pas* + verb Paul *n'*a *pas* lu le journal.
with pronouns:	Subject + *ne/n'* + pronoun + auxiliary + *pas* + verb Christine *ne* l'a *pas* lu non plus.
Inversion:	*Ne/N'* + verb + subject pronoun + *pas* + ...? Paul? *Ne* va-t-il *pas* en Afrique demain?
Imperative:	*Ne/N'* + verb + *pas*! *Ne* pars *pas*!
with pronouns	*Ne/N'* + pronouns + verb + *pas*! *N'*y va *pas*!

In the case of double verb constructions, *ne* and *pas* are placed on each side of the conjugated verb.

Examples:

Affirmative sentence	*Negative sentence*
Il aime aller au cinéma.	Il *n'*aime *pas* aller au cinéma.
Elle va se lever.	Elle *ne* va *pas* se lever.

The indefinite article *un, une, des* and the partitive article *du, de la, des* change to *de/d'* after *ne ... pas*, but the definite article *le, la, les* does not change.

Test Yourself

Examples:

J'ai mangé une pomme.
I ate an apple.

Je *n'ai pas* mangé *de* pomme.
I did not eat any apple.

But:

J'aime les pommes.
I like apples.

Je *n'aime pas* les pommes.
I do not like apples.

The affirmative answer to a negative question is *Si* instead of *Oui*.

Examples:

Aimes-tu les pommes?
—Oui. Je les adore!
Do you like apples?
— *Yes, I love them!*
N'aimes-tu pas les pommes?
—Si, mais je n'ai pas faim.
Don't you like apples?
— *Yes, but I am not hungry.*

Exercices: Non, non, non! Récrivez les phrases suivantes à la forme négative.

Exemple:

Paul va au cinéma.
Paul ne va pas au cinéma.

1. Nous arriverons à l'heure.

   _____

2. Marthe écoute la radio.

   _____

3. Vous aimez chanter.

4. Ils sont serbes.

   _____

5. J'aime les oranges.

   _____

6. Il veut visiter Paris.

   _____

7. Je comprends bien le russe.

   _____

8. À dix ans, tu lisais beaucoup.

   _____

9. Je suis le professeur.

   _____

10. Vous chantez très bien.

    _____

Exercices: Répondez aux questions à la forme négative.

Exemple:

Vous parlez bien le français?
Non, nous ne parlons pas bien français.

11. Vous lisez bien le français?

    _____

12. Sors-tu avec Paul?

    _____

13. Elle parle cinq langues?

_____

14. Ils aiment vivre à Tokyo?

_____

15. Elle visitera la France?

_____

16. Vous saviez la nouvelle?

_____

17. Tu vas rencontrer Yves?

_____

18. Travaille-t-il dans une banque?

_____

19. Tu écris à Maman?

_____

20. Est-ce qu'elle est grande?

_____

21. Martine est en vacances?

_____

22. Le magasin est-il ouvert?

_____

23. Achetez-vous le journal?

_____

24. Ils jouent au tennis?

_____

25. Vous aimez faire la vaisselle?

_____

26. Tu trouves cela amusant?

_____

27. Les enfants regardent la télé?

_____

28. Paul apprend l'anglais?

_____

29. Aiment-ils travailler?

_____

30. Croyez-vous au père Noël?

_____

Exercices: Mettez les impératifs suivants à la forme négative.

Exemple:

  Mange! ⇒ *Ne mange pas!*

31. Prends le métro!

_____

32. Parlez!

_____

33. Allons-y!

_____

34. Étudie le français!

_____

35. Regardez la télé!

_____

36. Lave-toi!

_____

37. Dis-lui bonjour!

_____

38. Sortons d'ici!

_____

39. Conduisez Pierre chez lui!

_____

40. Donnez-la-moi!

_____

Exercices: Répondez aux questions à la forme négative. Attention! Faites tous les changements nécessaires.

Exemple:

Tu donnes des cours de maths?
Non, je ne donne pas de cours de maths.

41. Vous voulez un café?

_____

42. Il prend du poids (_weight_)?

_____

43. Tu manges du pain?

_____

44. Vous fumez des cigarettes?

_____

45. Elles boivent du vin?

_____

46. Avez-vous des frères?

_____

47. Veut-il des glaçons (_ice cubes_)?

_____

48. Vous achetez une voiture?

_____

49. Elle lit des romans policiers?

_____

50. Ont-ils de la chance?

_____

Exercices: Même exercice. Attention! Les changements ne sont pas toujours nécessaires!

Exemples:

Paul regarde <u>les</u> informations?
Non, il ne regarde pas <u>les</u> informations.

Paul mange <u>du</u> pain?
Non, il ne mange pas <u>de</u> pain.

51. Les Benoît font de l'exercice?

_____

52. Elle adore le rock?

_____

53. Il écrit des lettres?

_____

54. Il y a un problème?

_____

55. Avez-vous l'heure?

_____

56. Avez-vous du temps?

_____

57. Céline aime-t-elle les vacances?

_____

58. Prend-elle des vacances?

_____

59. Vous aimez faire la vaisselle?

_____

60. Vous emprunterez de l'argent?

_____

Exercices: Qu'est-ce qu'ils n'ont pas fait? Récrivez les phrases suivantes à la forme négative. Faites les changements nécessaires.

Exemple:

Il a vu un film.
Il <u>n'a pas</u> vu de film.

61. Hier, Paul a écouté la radio.

_____

62. Moi, j'ai lu un roman.

_____

63. Papa a acheté le journal.

_____

64. Murielle est allée au théâtre.

_____

65. Jacques a assisté à un concert.

_____

66. Janine a visité une exposition.

_____

67. Louis a aimé le film qu'il a vu.

_____

68. Maman a préparé le repas.

_____

69. Julien est parti pour la Grèce.

70. Hervé a étudié le français.

15.2 Negative expressions

Notice the following negative expressions and their respective uses in the present and the *passé composé*:

AFFIRMATIVE	NEGATIVE	EXAMPLE
quelqu'un *someone*	**ne ... personne** *no one, nobody* **Personne ne...**	Je ne connais **personne**. Je **n'**ai rencontré **personne**. **Personne ne** m'invite. **Personne n'**a parlé à Jean.
quelque chose *something*	ne ... **rien** *nothing* **Rien ne...**	Je **n'**ai **rien** à déclarer. Je **n'**ai **rien** acheté. **Rien ne** marche! **Rien n'**est fini.
déjà *already, yet* **déjà** *ever*	**ne ... pas encore** *not yet* ne ... **jamais** *never*	— As-tu **déjà** vu ce film? — Non, je **ne** l'ai **pas encore** vu. — Avez-vous **déjà** visité Paris? — Non, je **n'**ai **jamais** visité Paris.
encore *still*	**ne ... plus** *no longer*	Depuis l'accident, il **ne** dit **plus** rien. Après l'accident, il **n'**a **plus** marché.
	ne ... que *only (restrictive)*	Je **ne** bois **que** de l'eau. Aline **n'**est allée **qu'**au cinéma.

In the *passé composé*, these negative expressions come *before* the past participle, except for *personne*, which comes after.

Examples:

Paul *n'*a *rien* mangé.
Paul did not eat anything.

But:

Je *n'*ai vu *personne*.
I did not see anyone.

Personne and *rien* can start the sentence (as subjects).

Examples:

Personne ne m'a vu.
No one saw me.

Rien ne me va.
Nothing suits me.

Ne ... que is the equivalent of *seulement* (*only*). *Ne* comes before the verb and *que* before the word or phrase it restricts. Since it is not really a negative, but rather a *restrictive* expression, the indefinite and partitive articles do not change to *de* after the verb.

Examples:

Je **ne** mange **que** du riz.
I only eat rice.

Je **ne** mange du riz **que** le lundi.
I eat rice only on Mondays.

Exercices: Rien ou *personne?* Répondez aux questions.

Exemple:

Qui va au magasin? —*Personne ne va au magasin.*
Qu'est-ce que vous dites? —*Je ne dis rien.*

1. Qui as-tu invité ce soir?

   _____

2. À quoi pensez-vous?

   _____

3. Qui répond à la question?

   _____

4. Qu'est-ce qu'il a décidé?

   _____

5. Qui viendra nous voir?

   _____

6. Que lisez-vous?

   _____

7. Qu'est-ce que vous aimez?

   _____

8. As-tu rencontré Alain?

   _____

9. Qui est là?

   _____

10. Qui habite ici?

    _____

Exercices: Placez la négation entre parenthèses dans la phrase.

Exemple:

Vous aurez un dessert. (ne ... plus, ne ... que)
Vous n'aurez plus de dessert.
Vous n'aurez qu'un dessert.

11. Je vais au musée. (ne ... jamais)

    _____

12. Vous avez faim. (ne ... pas, ne ... plus)

    _____

    _____

13. Sa lettre est arrivée. (ne ... pas encore)

    _____

14. Vous m'appelez. (ne ... plus)

    _____

15. Quelque chose s'est passé. (Rien)

    _____

16. Nous avons entendu quelque chose. (ne ... rien)

    _____

17. Je vais au théâtre. (ne ... plus, ne ... jamais)

_____

_____

18. Ils sont fatigués. (ne ... pas encore, ne ... plus)

_____

_____

19. Vous avez fini votre travail. (ne ... pas, ne ... pas encore)

_____

_____

20. Tout le monde comprend la situation. (Personne)

_____

Exercices: Répondez aux questions à la forme négative.

Exemple:

  Qui part?
  Personne ne part.

21. À qui ressembles-tu?

_____

22. Mangez-vous au restaurant?

_____

23. Qu'est-ce qu'il cherche?

_____

24. Avez-vous déjà fini?

_____

25. Qu'est-ce qu'il veut?

_____

26. Pour qui travaille-t-il?

_____

27. Jouez-vous encore au basket?

_____

28. Vous voyez le petit chien?

_____

29. Sont-ils déjà partis?

_____

30. À quoi pense-t-il?

_____

Check Yourself

15.1 (Ne ... pas)

1. Nous n'arriverons pas à l'heure. 2. Marthe n'écoute pas la radio. 3. Vous n'aimez pas chanter. 4. Ils ne sont pas serbes. 5. Je n'aime pas les oranges. 6. Il ne veut pas visiter Paris. 7. Je ne comprends pas bien le russe. 8. À dix ans, tu ne lisais pas beaucoup. 9. Je ne suis pas le professeur. 10. Vous ne chantez pas très bien.

11. Non, nous ne lisons pas bien le français. 12. Non, je ne sors pas avec Paul. 13. Non, elle ne parle pas cinq langues. 14. Non, ils n'aiment pas vivre à Tokyo. 15. Non, elle ne visitera pas la France. 16. Non, nous ne savions pas la nouvelle. 17. Non, je ne vais pas rencontrer Yves. 18. Non, il ne travaille pas dans une banque. 19. Non, je n'écris pas à Maman. 20. Non, elle n'est pas grande.

21. Non, elle n'est pas en vacances. 22. Non, il n'est pas ouvert. 23. Non, nous n'achetons pas le journal. 24. Non, ils ne jouent pas au tennis. 25. Non, nous n'aimons pas faire la vaisselle. 26. Non, je ne trouve pas cela amusant. 27. Non, ils ne regardent pas la télé. 28. Non, il n'apprend pas l'anglais. 29. Non, ils n'aiment pas travailler. 30. Non, nous ne croyons pas au père Noël.

31. Ne prends pas le métro! 32. Ne parlez pas! 33. N'y allons pas! 34. N'étudie pas le français! 35. Ne regardez pas la télé! 36. Ne te lave pas! 37. Ne lui dis pas bonjour! 38. Ne sortons pas d'ici! 39. Ne conduisez pas Pierre chez lui! 40. Ne me la donnez pas!

41. Non, je ne veux pas/nous ne voulons pas de café. 42. Non, il ne prend pas de poids. 43. Non, je ne mange pas de pain. 44. Non, je ne fume pas/nous ne fumons pas de cigarettes. 45. Non, elles ne boivent pas de vin. 46. Non, je n'ai pas/nous n'avons pas de frères. 47. Non, il ne veut pas de glaçons. 48. Non, je n'achète pas/nous n'achetons pas de voiture. 49. Non, elle ne lit pas de romans policiers. 50. Non, ils n'ont pas de chance.

51. Non, ils ne font pas d'exercice. 52. Non, elle n'adore pas le rock. 53. Non, il n'écrit pas de lettres. 54. Non, il n'y a pas de problème. 55. Non, je n'ai pas/nous n'avons pas l'heure. 56. Non, je n'ai pas/nous n'avons pas de temps. 57. Non, elle n'aime pas les vacances. 58. Non, elle ne prend pas de vacances. 59. Non, je n'aime pas/nous n'aimons pas faire la vaisselle. 60. Non, je n'emprunterai pas/nous n'emprunterons pas d'argent.

61. Hier, Paul n'a pas écouté la radio. 62. Moi, je n'ai pas lu de roman. 63. Papa n'a pas acheté le journal. 64. Murielle n'est pas allée au théâtre. 65. Jacques n'a pas assisté à un concert. 66. Janine n'a pas visité d'exposition. 67. Louis n'a pas aimé le film qu'il a vu. 68. Maman n'a pas préparé le repas. 69. Julien n'est pas parti pour la Grèce. 70. Hervé n'a pas étudié le français.

15.2 (Negative expressions)

1. Je n'ai invité personne ce soir. 2. Je ne pense/nous ne pensons à rien. 3. Personne ne répond à la question. 4. Il n'a rien décidé. 5. Personne ne viendra nous voir. 6. Je ne lis rien. 7. Je n'aime rien. 8. Non, je n'ai rencontré personne. 9. Personne n'est là. 10. Personne n'habite ici.

11. Je ne vais jamais au musée. 12. Vous n'avez pas faim./Vous n'avez plus faim. 13. Sa lettre n'est pas encore arrivée. 14. Vous ne m'appelez plus. 15. Rien ne s'est passé. 16. Nous n'avons rien entendu. 17. Je ne vais plus au théâtre./Je ne vais jamais au théâtre. 18. Ils ne sont pas encore fatigués./Ils ne sont plus fatigués. 19. Vous n'avez pas fini votre travail./Vous n'avez pas encore fini votre travail. 20. Personne ne comprend la situation.

21. Je ne ressemble à personne. 22. Non, je ne mange jamais/nous ne mangeons jamais au restaurant. 23. Il ne cherche rien. 24. Non, je n'ai pas encore/nous n'avons pas encore fini. 25. Il ne veut rien. 26. Il ne travaille pour personne. 27. Non, je ne joue plus/nous ne jouons plus au basket. 28. Non, je ne vois rien/nous ne voyons rien. or: Non, je ne le vois pas/nous ne le voyons pas. 29. Non, ils ne sont pas encore partis. 30. Il ne pense à rien.

Grade Yourself

Circle the numbers of the questions you missed, then fill in the total incorrect for each topic. If you answered more than three questions incorrectly, you need to focus on that topic. (If a topic has less than three questions and you had at least one wrong, we suggest you study that topic also. Read your textbook, a review book, or ask your teacher for help.)

Subject: *La négation*

Topic	Question Numbers	Number Incorrect
Ne ... pas	**15.1:** 1, 2, 3, 4, 5, 6, 7, 8, 9, 10, 11, 12, 13, 14, 15, 16, 17, 18, 19, 20, 21, 22, 23, 24, 25, 26, 27, 28, 29, 30, 31, 32, 33, 34, 35, 36, 37, 38, 39, 40, 41, 42, 43, 44, 45, 46, 47, 48, 49, 50, 51, 52, 53, 54, 55, 56, 57, 58, 59, 60, 61, 62, 63, 64, 65, 66, 67, 68, 69, 70	
Negative expressions	**15.2:** 1, 2, 3, 4, 5, 6, 7, 8, 9, 10, 11, 12, 13, 14, 15, 16, 17, 18, 19, 20, 21, 22, 23, 24, 25, 26, 27, 28, 29, 30	